谨以此书表达国务院参事室、

中央文史研究馆和

参事、馆员、特约研究员

对改革开放四十周年由衷的敬意！

参事馆员见证
改革岁月

参 文 著

人 民 出 版 社

前　　言

　　在历史的重大抉择面前，中国义无反顾地踏上了荆棘满地的改革开放之途。这条路，不是哪一个人一时的心血来潮，而是由下而上、由上而下多次反复酝酿，"让思想冲破牢笼"的智慧结晶，是中国共产党历史上的一次伟大觉醒。

　　自古至今的改革，莫不是关隘重重、风浪险恶。40 年前的冬天，小岗村的 18 位农民在契约书上按下"红手印"，冒死实行土地大包干。而在深圳建立首个经济特区，则必须要有"杀出一条血路来"的信念与勇猛，必须要有"我不下地狱谁下地狱"的牺牲精神和济世情怀。

　　回望当年，那段激情澎湃的改革岁月，一个个、一批批改革者以敢闯敢试、自我革新、舍我其谁的勇气和智慧，担当起了中国蜕变与崛起的时代重任。而在历史的进程中，还有这样的一群人，他们是改革开放事业的亲历者、拥护者、践行者、推动者、奉献者——如今已过不惑之年的国务院参事、中央文史研究馆馆员、国务院参事室特约研究员们，既是见证这段波澜壮阔历史的资料库、档案馆，也是改革再出发的思想库、智囊团。

　　站在历史的新征程上，继续解放思想、推进改革开放的一系列坚定行动，是对历史最好的纪念。

目 录

中国历史上的辉煌篇章

何星亮

| 作者简介 |

何星亮　男，1956 年生，广东梅州兴宁人，国务院参事。现为中国社会科学院学部委员、中国社会科学院民族学与人类学研究所学术委员会主任、博士生导师、第十三届全国人大代表和全国人大社会建设委员会委员。曾任全国政协第十届、十一届、十二届全国政协委员及全国政协民族和宗教委员会委员。2006年起任国家非物质文化遗产保护工作专家委员会委员。1993 年被评为国务院政府特殊津贴专家。

　　始于 1978 年的改革开放，是中国历史上最为重要的改革活动。其规模之大、地域之广、人口之多，是史无前例的。改革涉及内容之多、效果之大、影响之广，也是世所罕见的。40 年的改革使世界上人口最多的国家成为真正意义上的世界大国，使中国进入由站起来到富起来，再由富起来走向强起来的新时代。

　　中外历史上任何变法或改革都无法与中国当代的改革开放相媲美。值此改革开放 40 年之际，笔者谈谈自己的一些感想。

观念转换·思想解放·理论创新
——改革开放成功的关键

　　纵观改革开放 40 年，笔者认为，成功的关键因素是观念转换、思想解放和理论创新。从社会文化结构的角度而言，任何一种社会文化现象都可以分为三个层面：物质层面（表层）、制度层面（中层）和观念层面（深层）。观念层面的文化包括思想、精神、意识、理念、理论、价值观和伦理道德等，它是社会和文化形成、发展和变迁的基础。观念层面的变化，必然会引起制度层面和物质层面的变化。德国著名学者马克斯·韦伯在《新教伦理与资本主义精神》一书中认为，西方资本主义的发展，与16世纪基督教的宗教改革密切相关，它打破了天主教神学的精神束缚，更新了宗教观念，为资本主义发展扫除了障碍。

从中外历史来看，任何成功的改革或变革总是首先在观念层面进行更新和转换，只有通过宣传新思想、新理念、新理论，更新人们的观念，解放人们的思想，并在社会各阶层取得广泛共识，才有可能使改革顺利并取得成功。如果舆论宣传不够，没有在思想观念方面做好充分的准备，没有获得大多数人的共识，改革将会阻力重重并难以取得成功。商鞅变法取得成功的原因之一是通过辩论，在思想意识上获得大多数人的支持。公元前359年，在秦孝公的主持下秦国进行变法大讨论，商鞅舌战群臣、说服群臣并达成共识，为实行变法作了较为充分的舆论和思想准备。王安石变法之所以失败，其重要原因之一是在没有取得广泛共识的基础上，匆忙进行制度层面的重大改革。戊戌变法也一样，仅依靠光绪皇帝一人之力，不重视社会各阶层思想观念的转变，没有获得大多数人的拥护和支持，匆忙推出新政，结果也失败了。

1978年，我国开始了从"站起来"到"富起来"的新征程，也是始于观念的转换更新和思想大解放。《光明日报》1978年5月11日发表了特约评论员文章《实践是检验真理的唯一标准》，在我国思想理论界掀起了关于真理标准问题的大讨论，引起社会各界的高度重视和支持，冲破了"两个凡是"的精神束缚，推动了全国性的思想解放运动，推动了中国具有深远意义的伟大思想转折。1978年12月13日，邓小平在中共中央工作会议闭幕会上发表了《解放思想，实事求是，团结一致向前看》的讲话，强调："如果现在再不实行改革，我们的现代化事业和社会主义事业就会被葬送。"

观念转换和思想解放推动理论创新，推动了从"以阶级斗争为纲"向"以经济建设为中心"的转变。1978 年 12 月 18 日，党的十一届三中全会隆重召开。全会确立了解放思想、实事求是的思想路线，果断停止使用"以阶级斗争为纲"的口号，作出把党和国家工作重心转移到经济建设上来、实行改革开放的历史性决策。全党的工作重点由阶级斗争转移到社会主义现代化建设上来，转移到经济建设上来，开始了中国"富起来"的新时代。

当前，我国正处在由"富起来"走向"强起来"的新时代，也是基于观念转换、思想先行和理论创新并举。改革开放之初，为了解决温饱问题，以物质生产为核心是完全正确的。不过，片面强调物质生产，导致产量第一、GDP 第一、项目第一、招商第一，采用拼体力、拼环境、拼资源的方式来实现增长，这就形成了低消费、高消耗、恶环境、产能过剩等非科学的不可持续的发展。经济发展了，人民生活改善了，但贫富差距扩大；贪官成群，腐败成风；社会安全、财产安全没有保障；房价越来越高，食品、药品安全问题十分严重；等等。

党的十八大以来，在以习近平同志为核心的党中央领导下，提出实现中华民族伟大复兴的中国梦，提出一系列深化和完善改革的新思想、新理论、新理念。在发展方式上由主要重视经济建设转为经济建设、政治建设、文化建设、社会建设和生态文明建设"五位一体"全面发展；在发展理念上由主要重视 GDP 转为"创新、协调、绿色、开放、共享"的"五大发展理念"；在治国理政基本目标上由全面建设小康社会转为"全面建成小康社会、全面深化改革、全面依法治国、全面从严治党"的"四个全面"；在对外关系上，积极参与国际事务，提出"一带一路"倡议，提倡互利共赢、开放包容，构建"人类命运共同体"。所有这些都为我国由"富起来"进入"强起来"的新时代提供了思想和理论基础。在习近平新时代中国特色社会主义思想的指引下，我国一定能够实现从"富起来"走向"强起来"。

观念转换、思想解放和理论创新，是改革开放成功的关键，也是最重要的经验之一。习近平总书记把思想观念比喻为"总开关"。他指出：对党员、干部来说，思想上的滑坡是最严重的病变，"总开关"没拧紧，不能正确处理公私关系，缺乏正确的是非观、义利观、权力观、事业观，各种出轨越界、跑冒滴漏就在所难免了。思想上松一寸，行动上就会散一尺。

重民生·顺民意·正民心
——改革开放成功的根本

以民为本，重民生，顺民意，正民心，是中国古代治国思想的重要内容。《尚书·五子之歌》："民惟邦本，本固邦宁。"认为人民才是国家的根本，根基牢固，国家才能安定。《孔子家语·五仪解》："夫君者舟也，庶人者水也，水所以载舟，亦所以覆舟。"把百姓和君王的关系比作水与舟的关系。《孟子·尽心章句下》："民为贵，社稷次之，君为轻。"指出了人民、国家和君主三者的先后、轻重次序关系。《荀子·大略》："天之生民，非为君也；天之立君，以为民也。"认为上天生育民众，不是为了君主。而上天设立君主，正是为了民众。《管子·霸言》："霸王之所始也，以人为本。本理则国固，本乱则国危。"强调霸王之业的开始，是以人民为根本。根本治理得好则国家巩固，根本被搞乱了则国家危亡。

党的十一届三中全会以来，党和政府弘扬历史上的优秀治国思想，以民为本，重民生，顺民意，正民心，坚持改革为了人民、依靠人民、改革的成果由人民共享的原则。邓小平更是从关心群众的整体利益出发，提出以经济建设为中心，改善和提高人民的生活水平。提出允许一部分人先富起来，以先富带后富，实现共同富裕。他把提高人民生活水平看成是我们党和国家的"最大的事情"，看成是党和人民的"最大的政治"。40 年来，党和政府深怀爱民之心，时刻牢记全心全意为人民服务的根本宗旨；恪守为民之责，不断推进社会生产力的解放和发展；善谋富民之策，不断满足人民群众日益增长的物质和精神文化生活需要。改革开放推动我国人民生活从贫穷落后转向小康。"中国的贫困人口从 1978 年的 2.5 亿人下降到 2017 年的 3046 万人，贫困发生率从 30.7% 下降到 3.1%。特别是党的十八大以来，我国创造了减贫史上的最好成绩，5 年累计减贫 6853 万人，消除绝对贫困人口 2/3 以上。"据中国经济体制改革研究会名誉会长高尚全的研究："改革 40 年，我国城乡居民收入水平呈现出大幅度增长态势。从 1978 年到 2016 年，城镇居民人均可支配收入由 343 元提高到 33616 元，农村居民家庭人均纯收入由 134 元提高到 12363 元。居民消费结构从温饱型向小康型转变，城乡居民家庭的恩格尔系数分别从 1978 年的 57.5% 和 67.7% 下降到 2016 年的 29.3% 和 32.2%，人民生活从满足于吃饱穿暖转变到更加注重个性和享受的多层次消费。居民预期寿命从 1981 年的 67.8 岁提高到 2014 年的 75 岁。"

笔者认为，顺从民意，根据人民大众的意愿进行改革，也是改革成功的因素之一。邓小平曾多次强调：我们每做一件事，都要看人民"拥护不拥护，赞成不赞成，高兴不高兴，答应不答应"。党的十八大以来，习近平总书记强调以"人民对美好生活的向往"作为"我们的奋斗目标",以人民的幸福、安全、健康等为根本,把"不断满足人民日益增长的美好生活的需要"作为各项建设的动力和源泉。他在 2016 年 4 月 18 日上午主持召开中央全面深化改革领导小组第二十三次会议时指出:"把以人民为中心的发展思想体现在经济社会发展各个环节,做到老百姓关心什么、期盼什么,改革就要抓住什么、推进什么,通过改革给人民群众带来更多获得感。"党的十九大报告也指出:"坚持以人民为中心。……必须坚持人民主体地位,坚持立党为公、执政为民,践行全心全意为人民服务的根本宗旨,把党的群众路线贯彻到治国理政全部活动之中,把人民对美好生活的向往作为奋斗目标,依靠人民创造历史伟业。"

"正民心"也是古代政治思想的重要因素之一。中华传统文化以培养善良、老实、本分、厚道的人为基本目的。注重教化,重心性修养,通过压抑私欲来规范行为;通过教化、修养来提升人的自律意识;重树立典型作为学习的榜样,以典型人物的意识和行为约束自己。通过教化使每一个人都有"良心",都有廉耻感,使每一个百姓都成为讲仁义、重诚信、崇道德、尚智慧、敬廉洁、守法规的中国人。辜鸿铭曾说,在中国,"一般的纠纷,依据礼义廉耻就可以解决,所以警察用不着那么多。在这一点上,是值得欧洲人好好学习的"。

改革开放初期,物质文化的发展、精神文化的建设不同步,再加上外来各种不良思想的冲击,人们的思想意识、价值观念、伦理道德和行为规范等由一元化转向多元化,传统的价值观和伦理道德失去功能,造成价值错乱,道德失范。部分人利欲熏心,金钱至上,唯利是图。中国 GDP 成为全球第二震撼了世界,但"毒奶粉""瘦肉精""地沟油""彩色馒头"等也同样震撼世界。许多官员以权谋私,关系至上,金钱为本。

党的十八大以来，以习近平同志为核心的党中央一方面掀起声势浩大的反腐浪潮，横扫了贪腐猖獗的不良风气，民心得以振奋，党风得以清正。另一方面中央高度重视培育和践行社会主义核心价值观。习近平总书记多次作出重要论述、提出明确要求。2013 年 12 月 23 日，中共中央办公厅下发《关于培育和践行社会主义核心价值观的意见》，为加强社会主义核心价值观教育实践指明了方向。

2017 年 10 月 18 日，习近平总书记在党的十九大报告中指出："社会主义核心价值观是当代中国精神的集中体现，凝结着全体人民共同的价值追求。要以培养担当民族复兴大任的时代新人为着眼点，强化教育引导、实践养成、制度保障，发挥社会主义核心价值观对国民教育、精神文明创建、精神文化产品创作生产传播的引领作用，把社会主义核心价值观融入社会发展各方面，转化为人们的情感认同和行为习惯。"

重民生、顺民意、正民心，既是古代中国的治国之本，也是改革开放成功的根本因素，同时也是新时代建设社会主义强国的根本因素。

循序渐进·由点到面·上下联动
——改革开放成功的保障

从中外历史上的改革方式来看，可分为渐进式改革和激进式改革两类。大多数情况下，渐进式改革成功率较高，如中国历史上的商鞅变法之所以能够成功，其原因之一是实行渐进式改革方式。变法分三步：首先在物质生产层面进行改革，公元前 359 年在秦国国内颁布《垦草令》，作为全面变法的序幕，其主要内容有：刺激农业生产、抑制商业发展、重塑社会价值观等。其次是在制度层面进行改革，在《垦草令》实施3年后，即公元前356年，秦孝公任命商鞅为左庶长（非王族大臣领政），在法律制度、世卿世禄制和家庭制度等方面进行制度层面的改革。最后，在公元前350年，再次进行制度层面的改革，一是废除贵族的井田制，实行土地私有制，极大地调动了农民生产的积极性；二是普遍推行县制；三是统一度量衡制；四是编订户口，五家为伍，十家为什。渐进式的改革方式保证了商鞅变法的顺利进行，秦国的经济和军事实力得到迅速发展，逐渐成为战国七雄中实力最强的国家，为后来秦王朝统一天下奠定了坚实的基础。

激进式改革成功率较低，尤其是大国，成功率更低。如历史上的王安石变法和戊戌变法，都属于激进式改革，短期内推行一系列改革措施，其结果都没有成功。俄罗斯1992年的"休克疗法"改革也一样，推出了一套激进的经济改革方案，在俄罗斯联邦全面铺开。"休克疗法"的失败使俄罗斯GDP几乎减少了一半，GDP总量只有美国的1/10。由于改革的失败，俄罗斯副总理盖达尔不得不于1994年1月16日被迫辞职。叶利钦也被迫在1994年2月的国情咨文中宣布放弃"休克疗法"的改革，并在1996年大选时承认"过去在改革中试图抄袭西方经济的做法是错误的"。

40年前，我国采取的改革方式是循序渐进、由点到面和上下联动相结合渐进式改革方式，先易后难，先行先试，逐步推进。也就是人们常说的"摸着石头过河"的方式（有人称之为"摸论"）。"摸着石头过河"，对于大胆解放思想、积极稳妥地推进改革起到了巨大的指导作用，成为中国家喻户晓的经典话语。我国地域辽阔，民族众多，区域差异大，如果采用激进式改革，有可能造成社会动乱和国家分裂。人们对客观事物的认识，有一个由浅入深、由表象到本质、由直观到抽象的循"序"过程。采用渐进式改革，可以保障改革顺利推进并获得成功。我国的改革首先在农村和农业生产方面进行，以解决吃饭问题。然后逐步由农村到城市、由农业到工业、由计划经济到市场经济、由沿海到内地进行渐进式改革。首先是"以经济建设为中心"，逐步过渡到经济建设、政治建设、文化建设、社会建设和生态文明建设"五位一体"全面发展。

"由点到面"是中国共产党历史上的优良传统，在实行某种决策之前，往往先搞试点，先做试验，验证方案是否可行、是否科学，取得经验后再扩大到面，扩大到全省或全国。改革开放也一样，无论是农村改革还是城市改革、无论是农业改革还是工业改革都是如此。

"家庭联产承包责任制"也是由点到面逐步推广的。1978 年 11 月 24 日晚上，安徽凤阳县凤梨公社小岗村的十八位农民在土地承包责任书上按下了红手印，该责任书最主要的内容有三条：一是分田到户；二是不再伸手向国家要钱要粮；三是如果干部坐牢，社员保证把他们的小孩养活到 18 岁。包产到户极大地调动了农民的积极性，粮食生产发展迅速。1979 年 10 月，小岗村当年粮食总产量 66 吨，相当于全队 1966 年到 1970 年 5 年粮食产量的总和。1980 年 5 月 31 日，邓小平在一次重要谈话中公开肯定了小岗村"大包干"的做法。1982 年 1 月 1 日，中国共产党历史上第一个关于农村工作的"一号文件"正式出台，明确指出包产到户、包干到户都是社会主义集体经济的生产责任制，并在全国推广。1991 年 11 月 25 日至 29 日举行的党的十三届八中全会通过了《中共中央关于进一步加强农业和农村工作的决定》（以下简称《决定》）。《决定》提出把以家庭联产承包为主的责任制、统分结合的双层经营体制作为我国乡村集体经济组织的一项基本制度长期稳定下来，并不断充实完善。家庭联产承包责任制使广大农村地区迅速摘掉贫困落后的帽子，逐步走上富裕的道路，中国因此创造了令世人瞩目的用世界上7%的土地养活世界上22%的人口的奇迹。

"上下联动"也是改革开放成功的经验之一。无论任何改革，如果只有领导层面的主观意志，而没有群众层面的主动配合，不可能达到目的。同样，如果只有群众层面的主观意志，得不到领导层面的支持也不会成功。"家庭联产承包责任制"是在由下至上、上下联动的基础上获得成功的，这在当时是具有巨大的政治风险的行为。当时如果没有获得万里等地方领导和邓小平等中央领导的大力支持，这一改革也不可能成功。

经济特区也一样，先搞试点，上下联动，先由基层提出建议，然后获得中央的大力支持。中国经济特区诞生于20世纪70年代末至80年代初，成长于90年代。1979年4月邓小平首次提出要开办"出口特区"。1979年7月，中共中央、国务院同意在广东省的深圳、珠海、汕头三市和福建省的厦门市试办出口特区。1980年3月，广东有关部门建议把"出口特区"改名为"经济特区"，获得中央的批准，并首先在深圳实施。经济特区的设置标志着中国改革开放进一步发展。迄今为止，除了深圳、珠海、汕头、厦门、海南、霍尔果斯、喀什7大综合性经济特区外，上海浦东新区、天津滨海新区，以及先后建立的54个国家级高新区、15个保税区、62个出口加工区、9个保税物流园区、13个保税港区和9个综合保税区都具有经济特区的所有主要内涵。

改革开放以来，党和政府较好地处理改革、发展、稳定的关系。2013年栗战书在《遵循"四个坚持"的改革经验》一文中对"摸着石头过河"、渐进式改革和由点到面等改革方式作了全面的解释。他说："摸着石头过河，是对脚踏实地、尊重实践、从实践中摸经验摸规律，努力做到实事求是的一种形象说法，也是推进改革健康有序发展的一种重要改革方法。这个方法，不仅在改革之初行之有效，而且在整个改革进程中都是行之有效的。我们实行改革开放，发展社会主义市场经济，是前无古人的事情，只能通过实践、认识、再实践、再认识的反复过程，逐步取得规律性认识。实践中，对必须取得突破但一时还不那么有把握的改革，采取试点探索、投石问路的方法，先行试点，鼓励创造，鼓励探索，取得经验后再推开。我国的改革开放就是这样走过来的，就是从农村到城市、从沿海到内地、从局部到整体不断深化的过程。这种渐进式改革，避免了因情况不明、举措不当而引起的社会动荡。我们党是在一个 13 亿多人口的社会主义发展中大国领导改革开放，决不能在根本性问题上出现颠覆性失误，一旦出现就无可挽回、无法弥补。"

总的来说，中国改革开放的 40 年，是亘古未有的 40 年，是彪炳史册的 40 年，是翻天覆地的 40 年。从"以阶级斗争为纲"到"以经济建设为中心"，再到"五位一体"全面发展；从计划经济到市场经济，从闭关锁国转向全方位开放，从造福本国人民到造福世界各国人民；从物资奇缺、定量凭票供应到商品滞销和产能过剩，人民生活从贫穷落后转向小康幸福。改革开放 40 年是中国历史上最为辉煌的一页。

中华文明的革新精神

袁行霈

| 作者简介 |

袁行霈　男，1936 年生，江苏武进人，中央文史研究馆馆长。北京大学中文系资深教授、人文学部主任、国学研究院院长、国际汉学家研修基地主任，兼任国务院学位委员会委员。第八、九届全国政协常委，第十届全国人大常委，第八、九届民盟中央副主席。主要著作有:《中国诗歌艺术研究》《陶渊明研究》《陶渊明集笺注》《陶渊明影像——文学史与绘画史之交叉研究》《中国文学概论》《唐诗风神及其他》《中华文明史》（四卷本，主编）《中国文学史》（四卷本，主编）《中国文学作品选注》（主编）《愈庐集》《学问的气象》等。

众所周知，在世界几种主要的古代文明中，中华文明是唯一没有中断而且延续至今的。这是什么原因呢？我认为一个重要的原因就是中华文明具有不断革新的精神，也可以说中华文明的刚性和韧性起了很大的作用。

有人认为中华传统文化是保守的，认为弘扬传统文化是保守主义，这不符合事实。

首先，从思想的层面来看，古人很早就认识到"变革"的道理。《礼记·大学》记载汤之《盘铭》曰："苟日新，日日新，又日新。"《周易》奠定了中华传统文化的思想基础，"易"可释为"变易"，即顺应时势做出变革，将变革视为宇宙的普遍规律，《周易·系辞下》里有这样几句话："穷则变，变则通，通则久。"其第四十九卦《革卦》专讲变革，"革"的意思是"去故"，接下来第五十卦是"鼎卦"，"鼎"的意思是"取新"。"革故鼎新"这个成语就是由此而来的。《革卦》说："天地革而四时成，汤武革命，顺乎天而应乎人"。意思是：四时的循环与万物的消歇，是由天地的变化形成的，商汤和周武王所发动的革命，顺乎天意和人心。这段话对变革表示了高度的肯定和赞美。

春秋战国时期，老子、孔子、孟子、庄子、墨子、韩非子等提出了自然、仁义、兼爱、法治等新的观念，形成百家争鸣的局面，极大地丰富了中华文明的内涵。我在这里不能全面展开论述，只举一个小例子，周礼本来重视礼的外在形式，但春秋以来，各级贵族僭越礼制，讲究奢华的祭器和乐舞，这不仅造成极大的浪费，也破坏了礼乐的核心精神。孔子一方面主张恢复周礼，"郁郁乎文哉，吾从周"；另一方面，又揭示出"礼"的核心，他说："礼，与其奢也，宁俭；丧，与其易（顺乎礼的形式）也，宁戚。"（《论语·八佾》）孔子对礼所作的阐释具有革新的意味。

汉代以后，随着儒家思想逐渐占据国家意识形态的主导地位，以董仲舒为代表的汉代士人吸取阴阳、五行学说建立起一种新的"天人感应论"，以及以"三纲五常"为核心的价值体系，后人称之为"汉代新儒学"。

唐宋时期，中国的士大夫融会了从印度传入的佛教思想，形成以慧能和神秀为代表的中国禅学，这证明中国传统文化并不排斥外来文化。而宋明理学（或称道学）是对儒学进行"革新"的一种新的思潮，它和两汉以来的儒学相比，增强了思辨性。什么是理学？冯友兰先生说：它所阐述的问题，归结起来主要是两个："一个是什么是人，一个是怎样做人"（《中国哲学史》）。理学的代表人物如程颢、程颐、张载、朱熹、陆九渊、王阳明等人的影响一直延续至今。张载的横渠四句"为天地立心，为生民立命，为往圣继绝学，为万世开太平"，以及王阳明提倡的"知行合一"至今还受到重视。

其次，在制度层面也经历着不断的革新。像商鞅、王安石这样著名的改革家，他们的精神至今受到尊重。周人所建立的分封制维系了西周二百余年的历史，但随着各地诸侯势力的扩张，中央王朝逐渐衰落，传统的分封制已经不能维持国家的稳定。秦国因商鞅变法增强了国力，统一了天下，并用新的郡县制取代了原来的分封制，由此推动了我国多民族、大一统国家的形成。

西汉初期，兴起一股反思秦朝二世而亡的原因，并寻求变革的思潮，贾谊的《过秦论》可为代表。西汉兴起的"革新"思潮催生了一系列新的制度，如以察举制代替贵族世袭制，察举制是经过推荐、考核来任用官吏，考核的标准着重于孝廉、茂才、直言、极谏。这比贵族世袭前进了一大步。察举制到后来出现许多弊端，隋唐以后，又以科举制代替察举制，科举制一直延续了一千多年。再如，从唐初实行的租庸调法，到中唐的两税法，再到明朝中叶改行的一条鞭法，税制经历了多次革新。至于王安石变法已为大家熟知，在这里就不必细说了，他的某些具体措施在执行过程中有所失误，但他所秉持的"天变不足畏，祖宗不足法，人言不足恤"的革新精神是弥足珍贵的。

综上所述，革新可以说是中华文化的基因，这个基因保证了中华文化不断发展，也推动了中华民族生生不息。历史上的革新有的成功，有的失败，有的持久，有的短暂，各有其复杂而具体的原因，例如革新的时机、用人的当否、当权者的决心、民众的拥护程度，以及是否符合历史的发展趋势，等等，其中有许多值得探讨的课题。

鸦片战争以来，中国面临亘古未有的大变局，中华文明如何革新以适应世界的大局势，成为人们关注的问题。有人将中国的衰落归罪于传统文化，主张放弃传统，全盘西化，一百多年的历史已经证明这是行不通的。我们既不能无视并拒绝各民族的优秀文化，也不能脱离中国传统文化的根，只有植根于中国本土的文化传统，放眼世界，吸取各民族文化中优秀的成分，从中国的实际出发，大胆革新，才能实现国家的富强。我们对待传统应该采取自信的态度、分析的态度、开放的态度，既不妄自菲薄，也不妄自尊大。现在，西方文化已暴露出各种危机和乱象，中华文化能够提供自己独特的智慧，为人类作出我们的贡献，我们应具有这种文化的自信和担当。

《实践》数易其稿终出炉

谢武申

| 作者简介 |

谢武申　男，1945 年生，天津人，国防大学研究员。先后就读于解放军军政大学、中共中央党校。历任军委办公厅理论组组长、中央党校部队分部培训主任，文化部《中外文化交流》杂志副主编等职。《贺龙文选》《张震军事文选》主编之一。著有《共和国体育元勋》《贺龙与程砚秋》《李达参谋长》《贺龙与国防工业》《"反教条主义运动"与刘伯承蒙冤》《"萧克、李达反党集团"冤案始末》《"八一"军旗军徽诞生记》《刘邓大军谍战往事》等。

1978 年 5 月 11 日，《光明日报》发表特约评论员文章《实践是检验真理的唯一标准》，由此引发了一场关于真理标准问题的大讨论，推动了全国性的马克思主义思想解放运动，加速了改革开放的宏伟大业。

初稿投进《光明日报》

1977 年 7 月，南京理论界组织了全国性的理论研讨会，深入揭批"四人帮"，光明日报社接到了研讨会的邀请函。《光明日报》理论部哲学组组长王强华是南京人，他受领导指派前往南京参加此次研讨会，一是采写新闻，二是为报社"哲学专刊"组稿。

在理论研讨会上，南京大学哲学系胡福明的发言引起了王强华的注意。胡福明说："'文化大革命'中批判'唯生产力论'是完全错误的。'唯生产力论'根本上就是历史唯物论的观点嘛！没有生产力，物质靠什么去创造？'唯生产力论'强调生产力的最大发展，那是社会发展的最根本动力啊！它的发展，也并不否认生产关系与上层建筑、意识形态在社会发展中的作用，这也是马克思创立历史唯物论的出发点……"

这些话，引起了王强华的共鸣。研讨会间隙，王强华找到了胡福明，向他表示了约稿的意图，请他根据《光明日报》的宣传主题，在基本理论上，包括在存在与思维、物质与意识、实践与理论、经济与政治、生产与革命等关系问题上，写一篇从理论上拨乱反正，批判林彪、"四人帮"的文章。胡福明欣然应约。

1977年9月，胡福明向《光明日报》的"哲学专刊"寄出了两篇稿件，其中一篇为《实践是检验真理的标准》（以下简称《实践》）。1977年12月，回到报社的王强华认真阅读了胡福明寄来的两篇稿件，对《实践》一稿，他认为尽管引证马列原话及阐释过多，但它毕竟提出了一个当时重大而又敏感的问题——实践与理论的关系和真理标准的问题。稿中批判了林彪、"四人帮"鼓吹的"毛主席的话，句句是真理""一句顶一万句"，符合报社理论部和"哲学专刊"组稿的基本要求，只要把那些冗长枯燥的大段引证删去，增加联系实际的内容，不失为一篇好文章。在与"哲学专刊"组的同事们商量后，决定编发《实践》一稿。随后，王强华亲自动手，删去一些重复的文字，按报社正常发稿程序，于1978年1月14日，在《实践》最初的修改稿上，签字发排了。

对《实践》一稿做多次修改

王强华发排《实践》稿以后，送一份请马沛文审阅；1978年1月19日把小样寄给在南京的胡福明两份，并附上一封信，请他做进一步修改，争取早日刊用。

马沛文是光明日报社领导小组成员，分管理论部，是理论部的党支部书记。他很重视这篇文章，和王强华等反复研究，进行了修改。

这样，《实践》一稿经过 5 次修改，马沛文和王强华认为可以在"哲学专刊"（第 77 期）发表，并排好了大样。

按照光明日报社的规定，上专版的文章，都要报经报社总编辑审定。在新上任的总编辑杨西光手中，这篇文章的命运发生重大转折。

"文化大革命"前，杨西光曾担任中共上海市委候补书记和复旦大学党委书记。中共中央党校复校后，他是第一期高级干部轮训班的学员，参加了中央党校常务副校长胡耀邦组织的研究第九次、十次、十一次路线斗争问题的讨论。并认真研读过中央党校内部刊物——《理论动态》。

1978 年 3 月，杨西光被任命为《光明日报》总编辑，4 月正式到职。4 月 10 日，王强华把编好的拟在 4 月 11 日刊出的"哲学专刊"（第 77 期）的样（即《实践》）呈送到杨西光的案头，请他审定。

杨西光看了《实践》的大样后，特别兴奋，把王强华叫到办公室，说这篇文章提出的问题很重要，并提出了两点要求：一是像这样重大主题的文章应放在第一版刊登，在专刊上发表影响小，太可惜了。文章从"哲学专刊"上撤下来，要放在头版上重要位置发；二是这篇文章还要做大的改动。要针对理论与实践关系问题上的一些混乱思想，做比较充分的论证，进一步触及影响冲破禁区的一些现实问题，提到思想路线上来评析和阐述。

王强华马上落实了第一条，从"哲学专刊"第 77 期上把《实践》撤下。但对第二条，王强华却感到为难。因为作者胡福明远在千里之外的南京，修改时不征求作者的同意，不妥。恰在此时胡福明从南京到北京来参加国家教委召开的哲学教材座谈会。

听到这一消息，杨西光非常高兴，嘱咐王强华赶快把胡福明接到报社来。还说，我听说中共中央党校理论研究室主任吴江和孙长江也准备撰写一篇主题与胡福明的文章差不多的文章。你把孙长江请来，和我们一起讨论文章的修改。

4月13日晚上，聚在一起的杨西光、马沛文、王强华、胡福明和孙长江对胡福明的文章进行了讨论。

杨西光说，文章一定要解放思想，批评"两个凡是"，冲破禁区。

这时，邓小平对"两个凡是"的批评还没有向下传达，在座的几位同志，除杨西光之外，都不知道。所以，在胡福明的原稿和马沛文、王强华的历次修改稿中都没有涉及"两个凡是"问题。

作为哲学组组长，又是《实践》责任编辑的王强华，对杨西光的这句话非常敏感，觉得很新鲜、重要，就在笔记本上记下了"两个凡是"这4个字。

马沛文发言时，主张公开点名批判"两个凡是"。

杨西光敢于明确提出批评"两个凡是"，是一个极为大胆的意见，是对《实践》一文"画龙点睛"，一下子就抓住了文章的要害。

关于这天的会议，王强华保留了记录。

"唯一标准"提法出现的经过

4月13日会后，胡福明用两天时间，对《实践》稿又修改了一次（即第6次修改稿）。此改稿由王强华取回。之后胡福明因学校有事提前返回南京，没来得及把4月13日讨论的观点在修改稿中全部反映出来。

于是，马沛文、王强华接手修改，这是《实践》的 4 月 20 日改稿（即第 7 次修改稿）。之后，杨西光和马沛文、王强华又一次进行讨论，再次修改，形成了 4 月 23、24 日修改稿（即第 8 次修改稿）。

这里需要说明的是，胡福明的原稿和《光明日报》历次改稿虽然均无"唯一标准"的提法，但原稿的基本意思，与"唯一"是一致的："只有千百万人民的革命实践，才是检验真理的标准（引毛主席的话）""一个理论是否正确反映了客观实际，是不是真理，不能在思维的范围内解决，不能靠理论争论解决，只能靠社会实践的检验来解决，等等"。

"只有""只能"的含义，也就是"唯一"意思，并没有实质性的区别。

王强华和马沛文以及哲学组的几位同志，都觉得需要更明确地强调实践检验真理的"唯一性"。因为，如果不强调"实践"是"唯一"的标准，就会把本来是需要由实践来检验的科学真理——"马克思主义""毛泽东思想"，也说成检验的标准。

在当时的哲学界，对"实践标准"大都是认同的，但对理论（主要指马克思主义）是不是检验标准，却存在不同意见：不少人认为"是"。这是因为他们担心否认理论也是标准，会导致否定马克思主义、毛泽东思想的指导作用。这当然是一个很大的政治问题。但也有一些同志认为"不是"。理由是，检验真理的标准与作为真理的马克思主义、毛泽东思想和它的指导作用，是两个不同的概念，讲的是两个不同的问题。不能强调前一个概念否定后一个概念，同样也不能强调后一个概念而否定前一个概念。

他们还议论到，3 月 26 日《人民日报》发表的署名"张成"

的一篇约千字短评，标题就是《标准只有一个》。短评说，真理的标准，只有一个，就是社会实践；真理和检验真理的标准，是两个不同的概念。马克思主义是真理，但不是检验真理的标准。真理的标准只有一个，没有第二个。如果把理论也当作检验真理的标准，那就有两个标准了，这就不符合马克思主义的认识论了。

马沛文和哲学组的几位同志讨论再三，觉得《人民日报》只发了"千字文"的短评，提出真理的"标准只有一个"，就收到那么多反对的读者来信；如果在《光明日报》的头版发表一篇五六千字的大稿子，强调实践的"唯一性"，还不知道会有多少读者来信反对，说不定还会有更大的风险，被扣上"反马克思主义""反毛泽东思想"的政治帽子。但是，他们又反过来想：社会上还有这么多人不懂得"实践是检验真理的唯一标准"这个马克思主义的基本原理，而理论工作者和党报的历史使命，就是要宣传马克思主义的基本原理，把被林彪、"四人帮"颠倒了的真理再颠倒过来，正本清源。他们以共产党员的党性，以理论家的良知，终于下了决心：不管会有多大的风险，也一定要强调"唯一性"！为了避免在文章的词句上"授人以柄"，不让别人抓住"辫子"，他们又对文字反复推敲了几次。

就这样，"唯一标准"的提法，便第一次出现在 4 月 20 日的修改稿中了。

在这次修改中，还根据杨西光在 4 月 13 日晚会上讲的观点，新增了"路线是非同样必须由社会实践来检验"的内容，而这也是胡福明的初稿和历次修改稿中所没有的。

经过上述修改后，印成了《实践》的"4 月 20 日小样"。

之后，杨西光和马沛文、王强华、张义德等又继续对这个改稿进行推敲，不仅将文内"唯一标准"的部分基本保留了，而且把文章的标题由原来的《实践是检验真理的标准》，改为《实践是检验真理的唯一标准》，从而使文章的主题更加鲜明、突出。把标题加上"唯一"二字，是哲学组的编辑张义德的建议（北京大学哲学系1964届的毕业生）。

这就是形成 4 月 23、24 日修改稿的经过。

《实践》中最终未出现"两个凡是"的原因

杨西光在主持 4 月 13 日的讨论时，就提出修改《实践》一文，一定要解放思想，批评"两个凡是"，冲破禁区。然而，该文中最后却没有出现直接批判"两个凡是"的字句。

这是什么原因呢？

在胡福明所写的初稿，直至第 6 次修改稿中，都是这样写的：

"马克思、恩格斯对《宣言》的态度，表明他们并不认为自己的学说一开头就是完美的，决没有把它看作是一次完成的'绝对真理'，而始终用辩证法观点严肃地看待自己的学说，用实践来检验自己的理论，尊重实践，尊重事实，尊重科学，毫无偏见，是他们唯一的态度。"

稿子上还没有出现"凡是"一词。

"两个凡是"最早出现在 1977 年 2 月 7 日的"两报一刊"的社论——《学好文件抓住纲》中。

邓小平以无产阶级革命家的敏感和马克思主义者的洞察力，最早指出了"两个凡是"不行。但当时只有党内少数高层领导干部知道，并没有向下传达。

马沛文和王强华根据杨西光 4 月 13 日的意见，才在 4 月 20

日的第 7 次修改稿上，第一次加上了两次"凡是"字样："马克思、恩格斯对《宣言》的态度，给我们以很大启发。他们并不认为自己的学说一开头就是完美的……用实践来检验自己的理论。他们并不认为凡是自己讲过的话都是真理，也不认为凡是自己的结论都要维护。"

但是，在 4 月 23 日和 24 日，杨西光、马沛文、王强华再次讨论时，杨西光思忖再三，考虑到提出"两个凡是"的那篇题为《学好文件抓住纲》的社论，毕竟是经过华国锋和汪东兴审阅过的，《光明日报》作为党报，直接批评党中央的主席、副主席，不大合适；同时，也考虑到，作为党报，也应该维护他们的威信，文章把道理说清楚了，也就达到目的了。还是要尽量避免正面批评"凡是"的提法。

于是，就在 4 月 23、24 日的修改稿上，删掉了"凡是"字样，改为比较含蓄的说法：马克思、恩格斯"他们并不认为自己讲过的一切言论都是真理；也不认为自己作出的所有结论都不能改变，他们处处以实践来检验自己的学说，坚持真理，修正错误"。

由于 4 月 20 日的修改稿已经送到理论研究室，杨西光又和吴江等商议，吴也认为杨的考虑是对的，因为按原先的约定，《实践》稿经胡耀邦同志审定后，先于 5 月 10 日在《理论动态》上刊登，而华国锋和汪东兴兼任中央党校校长和第一副校长，胡耀邦此时虽已担任中央组织部部长，但还兼任常务副校长，点出"两个凡是"，直接批评"顶头上司"也不合适。

所以，此后无论在理论研究室的修改稿上，还是最后在《理论动态》刊登和在《光明日报》公开发表的《实践》中，就都没有"凡是"字样了。

关于这一经过，在 1979 年 1 月 9 日的理论务虚会上，在《杨西光、胡绩伟、曾涛、华楠、于光远、王惠德六同志的联合发言》中，也作过明确的说明：那时杨西光同志刚调到《光明日报》任总编辑，认为这篇文章不错。编辑部在原稿上加上了"马恩列斯毛从来不认为凡是他们的决策都要维护，凡是他们的指示都要遵循"这两句。后来，《光明日报》编辑部和中央党校《理论动态》组的同志一起修改这篇文章时，保留了作者的原意，但是考虑到2月7日的社论是经过中央领导同志审阅过的，还是删去了《光明日报》编辑部加上去的这两句话，避免正面批评"两个凡是"的提法。

中央党校理论研究室再修改

吴江在收到《实践》的4月20日修改稿和4月23、24日修改稿后，交由理论研究室的孙长江执笔修改。孙长江于4月27日完成了修改稿。

吴江也作了添加和删改，虽然不多，但却不乏"点睛"之处，从而使文章更为准确，更为精练。吴江曾说：我估计，这篇文章在《理论动态》发表后，肯定又要遭到非议。为了堵一些人的嘴，我提出，将华国锋文章中的一句话加到文章中，大家都同意了。这就是《实践》第三部分第二段开头的那句："正如华主席所指出的：'毛主席从来对思想理论问题采取极其严肃和慎重的态度，他总是要让他的著作经过一段时间的实践的考验以后再来编定他的选集。'"

对理论研究室的同志参与修改《实践》时所付出的辛勤劳动和作出的贡献，在光明日报社编辑出版的《光明日报与真理标准讨论》一书中，作了高度评价："保持了基本观点，质量上有了提高"。具体贡献是：对原稿作了不少删削；包括内容的增删、段落的调整，加了毛主席修改个别提法的例子，使文章论据增加了分量；加了4个小标题，使主题更加鲜明，最后一段写得更加有力；加强了针对性等。由此可见，《光明日报》的同志极为认真地找出了修改者的每一处改动，不但虚心地接受了这些改动，还予以了热情称赞和感谢。

《实践》一文数易其稿终出炉，由此掀开了席卷全国的关于真理标准问题的大讨论。回顾这段历史不难发现，人类社会的每一次重大跃进，人类文明的每一次重大前行，都离不开理论的引领和驱动。理论创新所具有的那种勘破思想迷津、清除观念障碍的磅礴力量再一次展现了它惊人的魅力。正是凭借这场足以彪炳史册的思想大讨论，我们党重新确立了实事求是这一马克思主义精髓在思想路线中的核心地位，为党的十一届三中全会作出"以经济建设为中心"的重大战略决策奠定了坚实思想基础，从而极大地推动了经济社会发展走上正轨坦途。

思想争鸣在特区

邓伟志

| 作者简介 |

邓伟志 男，1938 年生，安徽萧县人，上海文史研究馆馆员，上海大学终身教授。1960 年毕业于上海社会科学院经济系。曾在上海社会科学院毛泽东思想学习室、研究室，中共中央华东局政治研究室，中国大百科全书上海分社，上海社会科学院信息所国际政治室工作。著有《邓伟志全集》24 卷，计 1000 余万字。

现在不是特区的城市也像特区，可是 1979 年决定在中国设 4 个特区的时候，对特区却是褒贬不一。作为一个理论工作者，我是睁大眼睛看争论双方的言论和表情。谁都知道发展社会生产力的重要性，怎样才能把生产力搞上去是一个值得认真研究的大课题。既然都看见老路子走得慢，就提醒人们考虑另辟蹊径。另辟的蹊径肯定不同于老路，有争论是难免的。

不要拨款要政策

1980 年深圳特区正式成立不久，我就去了深圳。记得那时蛇口还是荒山，蛇口人正在用炸药轰山，尚未建高楼。蛇口招商局负责人袁庚信心百倍地向我们介绍他们将如何引进人才、如何引进外资的大胆设想。他不要拨款，只要政策。接着，我们又请从上海去蛇口经商的黄宗英、在深圳办广播电视台的祝希娟介绍情况。因为都是上海人，彼此比较了解，谈起来更加敞亮，连秘密也给我们透露了一部分。黄宗英讲她为什么来深圳，主要是觉得能放开手脚，能大显身手。祝希娟主要讲她准备办哪些在内地很难办成的、富有特色的、会受欢迎的频道。这算是给我上的特区第一课，既丰富了感性认识，又增强了理性认识。

蛇口大胆引进人才，就是社会学上的重要概念——社会流动。黄宗英、祝希娟到深圳创业，是社会流动中的一种水平流动。流水不腐，社会的水平流动和垂直流动会促进社会净化，增强社会活力。回上海后，我立即把袁庚讲的户籍改革告诉一位朋友。这位朋友的妻子在南京教书，他没有办法把妻子调到上海来。他曾在我面前发牢骚说，像他这个条件，连续讨几个老婆都很容易，调一个老婆比登天还难。那次他听了我的介绍，情绪高涨，兴奋地说："再调不来，我们夫妻俩一起去深圳。"

1983 年，我利用到广州开会的机会又去了深圳。那时深圳国贸大厦正在建，已经建了六七层，说要建 53 层。我听了吓一跳，上海的国际饭店 24 层，在我们眼里就算很高了。国贸大厦要比国际饭店高一倍多，实在是了不起。我虽然没见过摩天大楼，但 1978 年春天我在北京办《自然辩证法研究》时，听清华大学吴良镛先生讲：152 米以上的高楼可以称得上摩天大楼，深圳国贸大厦要建 160 米，那不就是摩天大楼吗？多让人羡慕呀！

更让我感叹的是深圳朋友告诉我：深圳人干劲冲天，国贸大厦是"三天建一层楼"。这是多么快的速度啊！我暗暗地想：这就是深圳速度！这就是特区速度！

"三天建一层楼"只是个例子。实际上，深圳的 GDP、深圳的财政收入都在突飞猛进。在后来我撰写的《深圳应当是理论研究的窗口》一文中，仍然从"'三天建一层楼'的深圳速度"说起，从深圳已经成为公认的"四个窗口"说起，认为"深圳还应该是我国发展马克思主义理论的窗口"，建议深圳继续"在'特'字上做文章"，

"在理论上'特'起来","在理论研究的政策上、内容上、学风上和理论研究的方式、手段上都能'特'起来"。不久,这篇文章被深圳市委宣传部收入他们汇编的《百位学者对深圳的思考》一书。

经济特区变社会特区

在要不要设特区的问题上有争论,在特区设立之后对如何建特区的问题上继续有争论:"只引进技术不能引进经济"是一说,"只引进经济不能引进文化"又是一说。争论更激烈的是"观念绝对不能引进"。

就在这时,珠海特区政府于 1985 年年底邀请国内学者开了一次研讨会。记得著名经济学家千家驹先生参会了。会议期间,我与中山大学法律系主任端木正教授(后任最高人民法院副院长)住一个房间。当时尚不能随便看港澳电视,可是在特区珠海可以看。我们一起看香港一位讲师、两位副教授评论柬埔寨局势的镜头。看着看着端木正教授流露出伤心的表情。我以为他生病了,便问他怎么了。他坦诚地说:"我看了他们三位年轻人的评论,觉得自己不如人家。"接着又说:"不论别人怎么看,我认为开放的做法是正确的。"端木正的这番感慨对我也是点拨。是的,他的话很有道理。评论任何事情,都要事前对正反两面的说法有个透彻的了解,发言才能一语中的、一针见血。只知其一,不知其二,就妄加评论是不着边际的忽悠。讲套话是拾牙慧,味同嚼蜡。

在讨论会上,我直截了当地说:"把人家引进来,怎能只让人家带口袋,不让人家带脑袋呢?""要看到,东西方文化之间有冲突也有融合。这种融合并不是全盘西化,社会主义的中国是化不了的。""我们登了外国的广告，就说是西化，那么美国人把我们的五星红旗带上航天飞机，是不是'东化'呢？在美国有那么多中国血统的人当市长、校长、警察局长，是不是卖国主义呢？"会议主持人吩咐我把发言整理成文。于是我以《把经济特区变成社会特区》为标题，发表在《珠海特区调研》1986 年第 2 期上。过些日子，珠海一位副市长对我说："文章受到读者和省领导的好评。"

从有损主权到行使主权

1982 年厦门大学开学术研讨会，规模蛮大，记得美籍华裔学者杨庆堃老先生也来了。主办方带我们参观了厦门特区。参观时，大家觉得厦门特区范围太小，尤其是在深圳考察过的人都说厦门特区太小。可是，陪同的人对这个问题欲言又止，好像有什么难言之隐。

晚上，我去看望一位老朋友。1960 年或 1961 年，厦大校长王亚南带他在上海编书时，这位朋友与我同住集体宿舍，两张床铺只有一米之遥。一别 20 年，如今他在中国唯一的台湾研究所——厦大台湾研究所工作。老朋友相见，没有客套，说话直来直去。他说："听他们讲，省委项南想大搞，可是保守派坚决反对，给特区扣大帽子。中央的理论权威胡老（老朋友当是直呼其名的，此处从略）骂特区是'殖民地'。上下都有人卡项南的脖子……"说了以后又叮嘱我不要讲是他说的。我全然明白了。

因此，《厦门日报》记者在会上采访我时，我有意把话题拉到敏感问题上，试探他的观点。真是"海内存知己"，记者完全同意项南的思想。我请他把我支持项南的看法发内参。他说有难度。他劝我为《厦门日报》写文章，从侧面为特区打气。于是我先后在《厦门日报》上发了《"特别值得注意"》，针对当时的争论，指出不要把知识分子的自信说成自满，也不要因为个别人才有自满的缺点而拒人才于特区大门之外；发了《"阿堵"勿却》，讲"逐鹿者不顾兔"的道理，批评"愈穷愈革命"的片面性；发了《山崩于前》，提倡"祖宗不足法，天变不足畏"，大声疾呼"即使是山崩于前也不能动摇中国人民推行第二次革命的伟大决心"。

20世纪80年代初，北京有两位理论家、思想家到广州作报告：一位是前面提到的胡老，他先到；再一位是于光远，他后到。于光远作报告时座无虚席，来晚一步的人不得不站着听；胡老作报告座有虚席，不得不把本来没资格来听报告的普通干部拉来充数。

怎么会有这么大的差别？原因是胡老在特区搞了几年后，还隐隐约约地讲特区"有损主权"；于老则旗帜鲜明地认为特区的做法是在很好地"行使主权"。于老的观点以及于老作报告的场景，传到胡老那里以后，可能对胡老有刺激。胡老离穗返京前给于老写了首长诗，大加赞扬于老报告听众人山人海。我当时在于老身边。广东省委书记任仲夷看了这首诗以后，笑逐颜开。他连连说了几个"好！好！好！"赞扬胡老有进步。他对于老说："他（指胡老）从骂（特区）'殖民地'到讲'有损主权'是进步，从'有损主权'再到歌颂你讲得好，又是进一步。他没讲你的观点如何正确，应该说，包含这层意思。"

任老与于老接下去深谈时，我便主动去了隔壁房间。我深知他们两人会在改革开放问题上继续切磋。他们探求真理的精神，保障他们之间能够做到开诚布公、推心置腹。这般互相推动的领导关系可以从他们晚年坐轮椅的日子里所拍的两张照片上看出来：一张是任仲夷坐在轮椅上，由于光远在后面推轮椅；再一张是于光远坐在轮椅上，由任仲夷在后面推轮椅。思想家与思想家之间最需要的是思维共振，互相推动。

受两场报告能够互动的启发，我为《广州日报》写了篇《关于"对话"的要领》，提倡对话，批评"讲老话、套话，尽管不是假话，但是无补于事"。

南风与北伐之争

被北京称为"青年思想教育权威"的三位先生，在全国巡回演讲，每到一处无不受欢迎。不料 1988 年年初他们到蛇口演讲时，在怎么看"自主选择职业""淘金""满街是进口车"等问题上发生了观点碰撞。教育者流露出蛇口青年走"邪路"的看法，立即受到青年质疑。广东有几家报纸作了报道，用当时媒体的语言，叫作"震动全国，波及世界"。《人民日报》辟专栏讨论。在一个月当中，《人民日报》收到世界各地的信稿 1531 件，其中只有 17.4% 倾向或赞同三位的观点。继《人民日报》之后，一直到 11 月中旬，全国几百家报刊纷纷就此发表文章，其中的绝大多数都指出思想政治工作必须改进。

我把这次讨论称作理念上的"北伐"，提笔写了篇《"南风"终有一天会"北伐"》（《社会科学报》1988 年 9 月 15 日）。我说："几年前，一直批'南风'，我不赞成。我估计在观念上终有一天会来个'北伐'。这次'蛇口风波'就是北伐的征兆。过去南下干部起到了不小的作用，什么时候能让懂商品经济的南方干部北上呢？我期待着。"接着，我又在《深圳晚报》《深圳特区报》两家报纸上连续发表了一些文章，颂扬"南风"。

"北伐"胜利的标志是 1992 年邓小平的南方谈话。他肯定了特区,批评了不改革的人。不过,从作为喉舌的报纸版面上,仍然能看出深圳、珠海对论述、赞颂邓小平南方谈话的文章灿若繁星,而有的省市的报纸论述、赞颂邓小平南方谈话的文章寥若晨星,还有的报纸因为多发了学习南方谈话的文章,反而被他们的上司批评为"不听招呼"。当时,《深圳特区报》每两天发一篇"猴年新春评论"。发了8篇以后印了合订本,送给了我一本。我捧在手里好像握着杀出血路的尖兵的手。

公道自在人心。1997年项南逝世时,自行赶来八宝山向项南遗体告别的人数之多据说是罕见的,我排了一个小时的队才有向项南鞠躬的机会。花圈之多,摆了几十米。我印象最深的是,我们上海人最喜爱的学者型市长汪道涵送的花圈摆在大厅外第二个,进不了大厅。

2018年1月15日,我看到深圳人遵照十九大精神,豪迈地提出九个"坚定不移"、三个"一以贯之",我喜上眉梢。深圳人讲:"一以贯之坚持和发展中国特色社会主义,一以贯之推行党的建设的伟大工程,一以贯之增强忧患意识、防范风险挑战,保持革命精神、革命斗志,以时不我待、只争朝夕的精神投入工作,努力在新时代走在前列,在新征程勇当尖兵,高质量全面建成小康社会,率先建设社会主义现代化先行区,奋力向竞争力影响力卓著的创新引领型全球城市迈进!"看后,我深深佩服他们这种"尖兵""率先""引领"的宏大气魄,同时也引发我思考了几个问题。

上马下马走出新路

自特区设立以后,国家的经济状况发生了很大变化,科学技术也有划时代的进展。信息化、智能化、数字化正在改变着我们的生产方式和生活方式。生产力是建设的火车头，生产方式的变革会带来观念的变革。经济建设、社会建设在向我们提出一系列新课题。有哪些过去没有的行业将要上马，有哪些传统的行业将要下马，亟待人们回答。凡事预则立，不预则废。有了预见，下马的不仅会痛痛快快下马，而且会因祸得福，走出新路；上马的不仅会自觉迎新，而且会有所创新。天下事一早百早，只有早作研究，早作安排，才能成为时代的"尖兵"，才能实现"率先""引领"。对此我也在摸索中，这里只能说几点不足为训的管见。

正确处理引进外资与向外投资的关系。弱时请人家进来，强时自己走出去。"请进来"和"走出去"的目的都应当是为了国家富强。"请进来"不是请垃圾进来，"走出去"不是去干有损于国家的小动作。要相信，有去有回。

正确处理国企与民企的关系。国企、民企是互补互动的关系。国企要做大，更要做好；民企能大则大，不能大也要小中见大，以小促大。民企是民兵。40年来民企遍地开花，成为经济发展的主力军。陈毅就说过："淮海战役的胜利是人民群众用小车推出来的。"今天国家的繁荣也是民企推出来的。我们不能忘记民企的"初心"，多为民企搭桥铺路。忘记民企也可以认为就是忘本。

正确处理义与利的关系。要正视今天出现的"见利忘义"现象。忘义是国耻。但是忘义不是市场经济的必然。市场经济是法制经济、道德经济。商讲商德，不会忘义。不要把当今的忘义归罪于市场经济。见利忘义是过度市场化的产物，是不赞成市场经济的人从一个极端跳到另一个极端的产物，是"效率优先，兼顾公平"的重商主义原则带来的弊端。上行下效，忘义是不经商的权贵人物的腐败变质带动出来的祸害。

广东省在特区推动下，始终坚持"改革走前头，开放立潮头"，连续多年创全国第一。在进出口总额上超过上海，居全国榜首。在广东的好多第一中，我最欣赏的是"跨境电子商务进出口全国第一"。这意味着广东在世界的第四次技术革命中走在了最前列，意味着在构建人类命运共同体的宏伟事业中正在大踏步向前迈进！

安徽农村改革侧记

赵德润

| 作者简介 |

赵德润　男，1946 年生，吉林长春人，中共党员，中央文史研究馆馆员。高级记者，中国韬奋奖获得者。曾任新华社河南分社社长、光明日报社副总编辑、中华书画家杂志社社长。

1997 年春，郭崇毅到合肥干休所看望老红军邹德胜（前司令员）。郭崇毅曾变卖家产组织武装交给邹德胜支持革命。

28 年前的春夏之交，中国改革开放的总设计师邓小平在一篇重要谈话中，为当时颇有争议的安徽农村改革做了结论："农村政策放宽以后，一些适宜搞包产到户的地方搞了包产到户，效果很好，变化很快。安徽肥西县绝大多数生产队搞了包产到户，增产幅度很大。'凤阳花鼓'中唱的那个凤阳县，绝大多数生产队搞了大包干，也是一年翻身，改变面貌。"

安徽省政府负责人在一次座谈会上动情地说："谈起安徽农村改革，不能不想起一位可敬的老人，他不顾个人安危，凭着敏锐的政治洞察力和大量调研得来的第一手材料，冒着巨大的政治风险，连续三次上书中央，直言进谏，其胆识令人敬佩。他为农村改革所作的贡献，人民是不会忘记的！"

这位老人，就是最早向中央反映安徽农村包产到户、为中央决策提供重要参考的省政府参事郭崇毅。

五个月三次上书中央，他要让最高决策者了解农村真实情况，了解农民对自主经营土地的期盼。

1978 年，合肥地区遭遇了百年罕见的大旱。肥西县山南区委书记汤茂林按照省委"借地种保命麦"的指示，联系山南实际进一步放大胆子，将"借"字改为"分"字，把土地分包到农户，抢种保命麦。"借"与"分"一字之差，似乎比多少动员报告都灵验，全区男女老少夜以继日地挑水点种，硬是在一个月内抢种小麦 10 万多亩，油菜 48000 亩，占全区耕地面积的 80% 以上。

第二年夏季，山南区获得历史上从未有过的大丰收。麦收时节，安徽省政府参事郭崇毅满怀喜悦回到山南家乡。他走村串户，查看实情，看到家家户户门前都是麦堆。几个正在插秧的青年说："要是政府信得过，把田分给我们，保证年年丰收，给国家多交粮食！"

在昏暗的油灯下，郭崇毅萌生了一种使命感：山南区党委冒着风险闯出的路子，虽不为红头文件所允许，却分明抓住了真理。如果广大农村把生产关系调整到适合生产力发展水平，那该产生多么巨大的物质力量！他决心把山南的火种保护下来！

1979 年 6 月 19 日，郭崇毅写成调查报告《关于参观肥西县午季（夏季）大丰收情况的报告》，8000 多字几乎是一气呵成。他满怀热情地记述了生产责任到户、夏粮成倍增长的生动景象；重点剖析了"包产只能包到组，不能到户，到组还是社会主义，到户就是资本主义"和"只要土地是集体的，按国家计划生产、分配，包产到户还是社会主义集体经济，不是资本主义"两种意见的是与非；建议领导部门和理论部门及时研究解答实践中提出的理论问题，总结包产到户的成功经验。

报告得到安徽省政府秘书长郑淮舟的支持，但他们都感到事关重大，绝非一省一地所能解决……于是郭崇毅拿定主意，要到北京直接向党中央反映，让最高决策者了解农村真实情况，了解农民对自主经营土地的企盼。

1979 年 7 月 1 日，郭崇毅选了个"吉日"进京上书。然而接待他的干部和亲友都给他泼冷水：红头文件明明写着"不许包产到户，不许分田单干"，这不是往枪口上撞吗！几经周折之后，老战友蒋树民指点他到中央制定农业政策的参谋部门——中国社科院农业经济研究所（以下简称"中国社科院农经所"）去试试。

在中国社科院农经所，郭崇毅递上报告后说："你们研究农业，要能到我们肥西去调研，写一篇文章说明农业责任到户并不改变社会主义性质，那真是字字黄金！"王耕今所长接过报告，嘱咐他三天后听回音。

三天后，郭崇毅大喜过望地得知，报告已经报送中央；中央领导同志给省委打电话支持安徽农民的首创精神。

这一年 8 月，郭崇毅又应中国社科院农经所之约，写出《责任到户的性质及其有关问题》，对包产到户从理论上加以阐述，分析了"不必要的十大忧虑"，安徽省委印成单行本发到全省；11 月，又根据在六安地区调查写出《关于六安地区七县农业生产责任制的报告》，由中国社科院农经所印发，报送中央参阅。

1980 年 5 月 31 日，邓小平讲话了。他在《关于农村政策问题》的重要谈话中，充分肯定了安徽肥西县包产到户和凤阳县的大包干。8 月 16 日，郭崇毅给邓小平等中央领导同志写信，"恳切请求中央将农业文件中'也不要包产到户'一段，改为生产队采取哪种形式生产责任制，由社员自行讨论决定"，"在中央一再号召要按经济规律办事的同时，如果仍然由上面硬压着不准责任到户，反而会造成一些不必要的混乱与损失。"

1980 年 9 月，中共中央发布 75 号文件，农业生产责任制正式写进中央红头文件。农村改革的星星之火，迅猛燃遍全国农村……

为讲真话他曾两度付出沉重代价，但他无怨无悔，
始终如一守着一条底线：坚持讲真话，
决不说一句假话和违心的话

敢言的郭崇毅，曾为不讲假话和讲真话两度付出沉重代价。

1955 年，治淮委员会一位领导干部以"莫须有"罪名入狱，郭崇毅连带坐牢。专案组要他揭发所谓"反党反革命"罪行，他坚持不说一句假话，不说一句违心的话。一年后，省委组织部部长宣布为他平反，向他赔礼道歉。

不到半年，更大的灾难又悄然袭来。1956 年冬，35 岁的郭崇毅受省政协委派到肥西农村视察。县粮食局副局长陪他来到全省合作化运动"标兵单位"肥光高级农业合作社。听到社主任汇报当年粮食产量 453 万斤，比上年增产 50% 时，郭崇毅高兴地说："这样的丰收令人鼓舞，请把社里账册拿给我看看，以便给省上写报告。"当晚回到县里，在昏暗的油灯下，郭崇毅一笔一笔仔细核对账册上的数字，发现实际产量只有 285 万斤，比上年减产 10%。他顿时感到自己受骗了。第二天一早，他约上粮食局副局长又来到肥光社，要找社主任问个究竟。

社主任回答："我们汇报的增产数是春天在农业生产会上向全省提出的'挑战数字'，实际上秋季减产了。"郭崇毅问："既然减产，为什么不如实上报？"回答说："县里不准呀！肥光社是全省高级社的红旗，只能报增产。"郭崇毅当即请社长把合并高级社前 4 位初级社会计都找来，当面把减产上报增产的情况一一核对，最后请社主任写成书面材料，盖上肥光社公章和主任私章。

郭崇毅不敢怠慢，一回到省城就抓紧写报告。第二天的汇报会上，郭崇毅有理有据地讲了对肥光社等几个高级社浮夸问题的调查。"马蜂窝"炸窝了！有人在会上公开站起来批判他"蓄意反对农业合作化"，要他承认"造谣"。有关领导不由分说，会后安排了多场批判会。他视察过的几个高级社主任来了，他原以为能当面澄清真相，解除误会，不料几位社主任异口同声否认亲手写的减产报告，说"大社大增产，余粮吃不完"，弄得郭崇毅啼笑皆非、有口难辩。于是，从"右派"到"极右"再到"现行反革命"逐步升级，最后郭崇毅竟以"现行反革命罪"被判刑，送白湖农场劳改。

1962年"七千人大会"后的那个早春，新任省委第一书记李葆华指示省委统战部从白湖农场接回郭崇毅，宣布他向省委反映情况是正确的，表示赔礼道歉。

参政议政，建言献策，拾遗补阙，是他对政府 参事工作的理解；尊重事实，追求真理， 淡泊名利，是他终生不懈的追求

郭崇毅是一个非同寻常的人。1937年他才16岁，上海"八一三"抗战一打响，他就毅然离开家乡奔赴战场；后来又变卖家产组织游击队交给共产党，父亲登报声明和他永远脱离父子关系……解放后蝉联安徽省政协委员41年、在省政府参事任上27年之久。

从加入民盟、进入政协，到担任政府参事，郭崇毅重新诠释历史上的"拾遗补阙"，经常就国家大事向党和政府提出意见和建议。

乍暖还寒时节，郭崇毅不敢忘记政府参事的职责，于是有了关于包产到户的三次"上书"。今天人们重读30年前的三份"上书"，

依然能够感受到字里行间的政治勇气和理论力量。实事求是和辩证思考，是他所有上书和报告的主要特色。他善于参政议政，建言献策；擅长用事实说话，既全面看待问题又能敏锐地抓住本质，准确而鲜明地反映倾向性问题。

1982 年，已经担任省政府参事室副主任的郭崇毅回肥西过春节，以《肥西县农村春节见闻》为题，给省委写报告，着重反映党风与干部作风、赌博与治安、农民承包的土地山林不稳定等问题。这个报告受到省委重视，省委办公厅以正式文件发到全省各县、区、乡。

郭崇毅认为，类似党风、干部作风等问题，全国各地都不同程度存在。于是 1982 年 8 月上书中共中央，陈述六条意见：一、整顿党风问题；二、实行法制问题；三、任用干部问题；四、严明赏罚问题；五、党政干部实行责任制问题；六、广开言路问题。10 月下旬，中组部来信了："你给中共中央的信已转给我部参阅，对你这种积极负责的精神，我们表示谢意。"

党的十一届三中全会之后二十多年中，郭崇毅向安徽省和中央共写了近百篇调查报告和建议，反映了干部作风、农业政策、教育、统战等多方面的意见和建议。

毛泽东在中南海的一番教诲，成为他一生的座右铭；他选择反映人民呼声、关心人民疾苦作为回报人民的主要方式

1949 年 12 月 4 日晚，北京的一个初雪之夜。在中南海小客厅里，28 岁的郭崇毅和参加民盟中央扩大会议的代表一起，在这里

接受毛泽东主席的接见。毛主席两次从沙发上站起来说："在人民有困难的时候，做了好事，人民是不会忘记你们的！"

安徽省政府参事室副主任汪书贵、省文史研究馆馆员徐承伦和郭崇毅既是同事，也是朋友。他们说，郭老是一个真正和人民息息相关的人。他之所以一到农村就能了解许多真实情况，就因为他和老百姓贴心，老百姓有什么心里话都愿意向他倾诉。

郭崇毅说，人民的恩情永远回报不完，他回报人民的主要方式就是反映人民心声，关心人民疾苦。

饱受磨难的郭崇毅，有一种打不垮的内在坚定性、难不倒的乐观向上精神。花甲之后，到 2002 年 81 岁去世，他在政府参事岗位上抱病参政议政。正是在这一时期，他建言献策最多，对农村改革贡献也最大。

1993 年，郭崇毅表兄、美籍历史学家唐德刚回合肥探亲。在聚会上，一些朋友谈起郭崇毅的坎坷人生，为他感叹。他当即站起来说，中华民族的历史，自清末以来内忧外患有如浩浩长江进入三峡地段；往来其中的人，确实要经历一些惊心动魄的礁石险滩、危崖恶浪；但是无限风光的十二巫峰，绵延数百里的锦绣山河，都蕴藏在这里。我 1921 年来到人间，正走在这个美丽的历史画廊中。不是坎坷，而是幸运。虽然碌碌无为，始终生活在我所热爱的人民中间，还是无怨无悔的！

农村改革试验区的探索

杜 鹰

| 对话人简介 |

杜 鹰 男，1952年生，河北深州人，中共党员，国务院参事。国家发展改革委原副主任、党组成员。曾任国务院农村发展研究中心发展所副所长、农业部农村经济研究中心副主任、农业部产业政策与法规司司长、国家发展改革委农村经济司司长。十二届全国政协委员、民族宗教委员会副主任。长期从事农村改革和发展的政策、理论研究、参与政策制定。"三农"问题专家。1989—1998年兼任全国农村改革试验区办公室主任。

| 作者简介 |

吴睿娜 女，1980年生，中共党员，《国是咨询》内刊编辑部主任。曾任北京日报体育记者。两次获全国日报体育好新闻一等奖，北京体育好新闻特等奖。2011年获中央国家机关"巾帼建功"先进个人称号。2016年起，在《国是咨询》开辟"口述历史"专栏，已采访30多位参事、馆员。

【编者按】建立农村改革试验区，是 1987 年中共中央 5 号文件正式确定的政策，此举在中国农村改革的历史画卷上留下了浓重的一笔。30 多年来，我国农村改革试验区已经形成许多突破性的制度成果，为推进农村改革起到了无可替代的作用。

曾任国家发展和改革委员会副主任、全国农村改革试验区办公室主任的杜鹰参事，回顾了试验区创建的背景和目的，总结了多年来试验区工作的进展和成效，同时对试验区在推进农村改革方面的作用和意义等问题进行了深入探讨。

空前复杂的改革局面

《国是咨询》记者：1987 年中共中央 5 号文件正式确定建立农村改革试验区，您曾长期从事农村改革试验区工作，参与政策制定，能否谈谈当年决策的背景？

杜鹰：农村改革可以划分成若干阶段，人们通常把 1978 年到 1984 年称为农村改革的第一阶段，此后为深化农村改革阶段。农村改革第一阶段的进展相对而言还算是比较顺利的，尽管也有重重阻力，但家庭联产承包责任制从局部突破到普遍推开仅仅用了五六年，并且取得奇迹般的成效，粮食大幅度增产，多年没有解决的温饱问题在短短几年内基本得到解决。但1985年以后，形势发生急剧变化。由于种种原因，1985年粮食比上年减产290多亿公斤，接着就是几年的徘徊，农产品供求关系又重新紧张起来，拉动价格上扬，粮食的合同定购制实际上被迫退回到"双轨制"。与此同时，乡镇企业的发展，流通领域里的改革，也触及城乡利益关系方面的深层矛盾。各级干部都明显感到，农村的第二步改革不像第一步改革那么顺手了，问题多，矛盾也非常复杂。

《国是咨询》记者：1985年以后，农村改革发生了怎么样的变化？

杜鹰：应该说，1985年以后的农村改革，从形式到内容，再到内外部的环境，都发生了很大的变化。首先，第一步改革基本上是在农村内部进行的，大体限于微观经营组织和制度变革这一领域，因此有相当的独立性；其次，第一步改革的主要内容是破除人民公社体制，实行家庭承包经营，而中国有几千年家庭经营的历史，农民有这种传统的意识，关键是政策允不允许搞，只要政策放开，农民家家户户都会。而第二步改革的情况就不同了，为了给家庭经营铺平进入市场的轨道，改革必然要深入到金融、财政、价格、计划、物资、内外贸等诸多领域，必然要触及城乡之间以及各部门之间的深层利益结构的调整，农村改革的独立性程度大大下降，深化农村改革必定是兼及城乡的改革，改革面临着空前复杂的局面。

不仅如此，第二步改革的重要内容如后来所逐步明确的是要在经营主体变革的基础上去建立现代市场主体和市场体系，而如何去建立，我们的历史没有这种记忆。因此，我们所面对的问题，大量是超经验的问题，绝不是简单地放开政策或放开价格就能解决的。从这个意义上讲，如果把以往的改革定义为破旧的话，那么新一轮改革可以定义为创新，即组织创新和制度创新，这是市场运作的基础。

从外部环境来看，当时还有一个重要的背景，就是在1984年10月，党的十二届三中全会作出了关于城市经济体制改革的决定，这标志着改革的重点已经从农村转入城市。改革是要花费成本的，因此改革重点的转移，意味着在一段时间内客观上会导致国民收入分配关系更多地向城市偏斜。这样农村发展的外部条件绷紧了，农村改革也面临着新的宏观环境，回旋的余地也比农村改革第一阶段缩小了。

《国是咨询》记者：那么建立农村改革试验区的创意是如何产生的呢？

杜鹰：经过20世纪80年代前期的改革，各地经济发展的差异开始显现，利益主体开始多元化，利益关系的调整也日趋复杂化，这意味着改革的难度越来越大，统一决策的风险也越来越大。在这种情况下，必须考虑调整指导改革的方法和推进改革的方式。当时有两种可供选择的方法，一是全面改革中的整体突破，二是整体改革中的重点突破。显然，前一种贸然推进全面改革的办法，一旦出现失误，不仅势必酿成全局的动荡，甚至会中断正常发展的过程。而在局部地区进行整体改革中的重点突破，其结果是可控的。特别是在决策所依据的信息基础不足时，更需要通过实践来统一人们的思想认识，通过操作性很强的试验抵近观察、加快认识与实践的信息反馈。建立试验区，通过局部地区的超前试验来提取信息，对于推进全局改革无疑是分散风险、分解难题的最好选择。中央正是基于对农村改革发展新阶段的分析和判断，作出了建立农村改革试验区的安排，期望通过局部的试验，理顺深化改革的思路，提供经过实践检验的经验，为全局改革探路。

尊重实践、着眼发展的改革试验

《国是咨询》记者：您能谈谈推进试验区工作所遵循的原则吗？

杜鹰：试验区的工作确实从始至终遵循着一些基本的原则，这些基本原则不仅指导着试验区的实践，而且构成了试验区的特色。第一条是把改革与发展紧密结合起来。一般而言，试验区的选题和项目就是把发展中遇到的难点问题作为改革的重点，即所谓发展出题目，改革做文章。另一层含义是，所有的试验结果，是成功还是不成功，最终还要用发展的实绩来衡量。试验区是搞改革的，当然要把着眼点放在体制转轨和机制转换上，但是最终要落实到发展上。改革本身不是目的，最终目的是解放生产力。所以搞改革试验，不比写文章，你想空口说白话也不行，经济发展了没有，那可是实打实的，这一条是搞好改革试验的基本保证。

第二条是试验区十分重视理论与实践紧密结合。改革需要理论指导，更需要加快实践的步伐。这一点在农村改革的深化阶段比初始阶段显得更加突出。对于怎样发展商品生产，怎样建立市场体系这些新课题，我们既没有传统的组织资源的储备，也没有可供借鉴的现成经验。当时理论界、政策研究界对任何一个改革的议题，都可能发散出各种不同的观点，能够统一大家认识的，没有别的东西，唯有实践。因此可以说，把理论与实践更加紧密地结合起来，是深化农村改革的内在要求。

第三条是多样化和规范化相结合。其实规范不是一律，并不影响多样化的探索。规范的意思是说，有必要有重点、分阶段地把那些经过实践检验证明是正确的政策上升为具有长期性、权威性和稳定性特征的法律、法规，把已有的改革成果制度化，这才能支撑起农村的新体制，这也是试验区工作的重要目标之一。

《国是咨询》记者：您在农村改革试验区的工作中获得了哪些宝贵的经验？

杜鹰：我们从改革试验区的实践中学到的东西真是太多了，可以说是终身受益，它教会了我们尊重实践，强化了我们的国情意识。你光是从书本上学到不少经济学知识和理论，或者也很了解国外经济体制运行，但如果不顾中国国情，简单照搬，十个有十个要碰壁。其实，真正聪明的还是农民。比如，现在股份合作制已得到公认，而它也是农民的创造，它的发源地之一是山东省淄博市周村区的长行村。

仔细回想，农村改革当中有多少创造，哪一个没有凝聚着农民的智慧，真正推进农村改革的当事人不是所谓理论家，而是农民，千千万万的农民。理论研究者应该而且可以做的事情，就是到民众中去，体察社会发展的内在需求，寻求适应这种需求的社会表达，试验区所做的正是这样一些工作。

不忘初心　改革探路

《国是咨询》记者：您认为试验区的工作在农村改革中发挥了什么作用？

杜鹰：总体来看，试验区的作用可以概括为"探路、验证、示范、储备"八个字。

先说探路作用。作为深化农村改革的先头部队，试验区确实起到为全局改革投石问路的作用。试验区建立以来，我国农村改革中的不少热点问题，是由试验区的实践率先提出，并且提供了宝贵的操作性经验。虽然有些方面的改革到处都在进行，也有一些改革经验并不是试验区率先提出的，但试验区在这些方面的改革仍然具有独特的优势，因为它是有组织的、系统的实践。因此，试验区的改革实践通常起步较早、经验比较系统，因而社会影响也比较大，对面上的改革起到了推动促进作用。试验区不仅在实践方面为各地的改革探了路，而且也为理论界和研究界提供了丰富的研究素材。

再说验证作用。也就是通过试验的检验，为中央和地方的决策提供依据。这方面试验区的作用也是显著的。例如，广西玉林、河南新乡和四川广汉率先开展的粮食购销体制改革试验，对形成1990年全国"稳购、压销、提价、包干"的粮改方案和此后的购销同价改革方案，起了重要的参考作用。

第三是示范作用。国家并没有额外给试验区特别优惠的政策，也没有专项的资金支持，正因为如此，试验区的经验才更具有普遍性，更具有示范效应。它的许多做法，都在省一级或各个系统加以推广。另外，慕名到试验区学习、参观的就更多了。通过每年的工作会、研讨会及新闻媒体的推介，试验区的影响辐射全国，很多新鲜经验不胫而走，甚至吸引了国际组织和国外学者的关注。

试验区的超前性和探索性，要求从事这项工作的干部具有较高的理论、政策水平和较强的操作能力。因此，试验区一向非常重视对干部素质和能力的培养。凭借理论界、学术界的智力支持、实践的锻炼以及在认识和实践的碰撞中积累的各种有价值的信息，这些干部迅速成长起来，并且一批批走上更加重要的领导岗位。如果说它是试验区的一个无形成果，其长远意义并不亚于那些有形的成果。此外，由于试验区注意从解决阻碍当地经济发展的主要问题切入去选择试验项目，因而有力地推动了所在地区的经济发展，几乎所有试验区的综合经济指标均高于周边地区。

《国是咨询》记者：您认为建立试验区的意义在于什么？

杜鹰：实践已经证明，办试验区是个好办法。试验区的创办绝不是权宜之计，而是党中央审时度势作出的重要战略部署。当时深化农村改革提出了组织制度创新的要求，而另一方面我们又缺乏组织建设和制度创新的经验，缺乏政策制定和选择的基础信息。创办试验区可以更加便捷和深入地总结我们自己的经验，广泛借鉴国外现代市场组织和制度的成型经验，通过转化吸收其中有用的信息，把它运用到实践中去，经过在实践中反复调试，达到预期的试验目标。这些年来试验区正是很好地发挥了这些作用。

如果从更高的层面上看，我们还有必要对试验区进行再认识。中国的改革开放之所以能够取得巨大的成功，在很大程度上归因于政府采取的渐进式的推进方式，这种推进方式同样运用于农村改革。我们党一向倡导调查研究，先试点后推广，一切经过试验，这样一种思想方法也在试验区的实践中得到了充分的体现。试验区的工作有明显的实践参与性和操作性，可以抵近观察，加速信息反馈，深化对改革规律的认识，体现了实践第一的思想方法和工作方法。同时我们可以在试验中取得正反两方面的信息，通过局部的突破带动全局的改革。除了本质而单就方法而言，与同样处在转型期的一些国家采取的"休克疗法"所引起的社会震荡相比，我们的渐进式改革的优越之处就显而易见了。

此外，试验区为有志于改革的理论家和思想者提供了实践的舞台。现在面对改革提出的特殊性难题，许多人已经意识到，再也不能仅仅依靠书本知识和星星点点的调查就发表议论了，必须积极参与到实际工作中去，唯有如此才能在中国的农村改革中有所作为。许多青年学生和理论研究工作者的经历也证明了这一点。

试验区在推进农村改革的过程中，已经发挥了不可替代的作用。如果没有试验区的成功运作，没有这种有组织、成系统的改革试验，就无法保证决策信息的质量；一些不宜于公开讨论的敏感问题，也不可能在试验区这样的特殊环境中提得这么清晰、及时并有所突破；更不可能提供一个理论与实践相结合的有效支点，农村改革的进程也许会由于全局性统一决策的困难而放慢。总之，试验区既是中国农村改革的重要收获，也是农村改革顺利进行的重要条件之一。

《国是咨询》记者：回顾农村改革试验区从建立到推进的历程，您有何感悟？

杜鹰：回首试验区建立以来走过的路，风风雨雨，坎坎坷坷，让人感慨万千，毕竟农村改革的大潮中融入了我们的热血和汗水。其实，上上下下，从中央到基层的各级领导，农口及各有关部门的同志，一些国内知名的专家、学者，尤其是试验区所在地那些工作在第一线的干部和群众，都为农村改革试验区的建立和发展、为推进农村改革倾注了大量心血。他们多年来的辛勤工作和不懈努力，结成了今天试验区工作的累累硕果，这对他们也是最大的安慰和最好的感谢。

"筚路蓝缕，以启山林"（《左传·宣公十二年》），这是古人用以形容创业艰辛的话语。农村改革最终要开创的是前无古人的事业，这个进程中必定充满了艰辛，创业的精神是必不可少的。展望将来，我们有理由充满信心，因为毕竟我们已经有了很好的开端，打下了很好的基础，只要初衷不改，锲而不舍，试验区完全能够在改革的新时期再担重任，再创新的业绩。

（吴睿娜／整理）

"一号文件"背后的故事

刘志仁口述　吴睿娜撰写

| 口述人简介 |

刘志仁　男，1945年生，辽宁大连人，九三学社社员，国务院参事。农业部农村经济研究中心研究员。享受政府特殊津贴。长期从事国际农业经济和"三农"问题研究工作。中央"一号文件"和统计局发布的农业数据是他的两大"宝贝"，从不离身。带着热情、激情，刘志仁奔走乡野间，几十年如一日。

【编者按】改革开放 40 年，党中央、国务院发布的关乎"三农"问题的"一号文件"共有 20 个。

中国的改革起源于农村。在一系列中央"一号文件"的指引下，我国农村改革由以家庭联产承包经营为核心的农村经营体制改革，到 1985 年推进的农产品流通制度改革，再到后来的农村综合改革，40 年来，党中央、国务院在调整生产关系、解放和发展农村生产力方面取得了国内外瞩目的巨大成果，全面加快了我国对外开放的步伐。

研究"三农"问题的国务院参事刘志仁，作为我国农村改革重大决策的参与者，向笔者口述了中央"一号文件"背后的故事。

"包干到户"是农民的选择

中国是一个农业大国，农村人口众多，农业是国民经济的基础，农民在当时僵化的体制下深受其害，改革的要求最强烈、改变现状的心情最急切。中国农村幅员广大，情况复杂。应该从何处着手改革，如何改革，朝什么方向改革才有利于广大农民，有利于生产的发展？这是一个难度很大的问题。

党的十一届三中全会在很大程度上顺应了农民的要求，提出了解放思想、实事求是的方针，纠正了"左"的思想路线，确立了新的思路和理念，从而使党的工作重心由"以阶级斗争为纲"转到经济建设上来。

"包产到户"与"包干到户"是亿万农民的伟大创造。从1979年到1981年短短3年间，全国农村已有90%以上的生产队建立了不同形式的农业生产责任制。一些大胆推进新体制的省份，尝到了改革的甜头，粮食总产量直线上升。

然而，当时还有很多领导同志受旧体制影响很大、很深，甚至农口的个别领导也对新体制抱怀疑态度，经常为此争吵。对于推进新体制，地方干部有赞成的，有反对的，也有举棋不定的。当时，杜老（杜润生）经常带领研究人员深入农村调查，在肯定新体制取得成就的同时，也不断发现出现的新问题和新情况。通过与地方干部多次讨论，杜老积极向中央建议，在这个关键的时期，中央必须明确对新体制的态度，要有一个文件来统一大家的思想，统一各地的步调。我认为，这就是中央关于"三农"问题"一号文件"出台的萌芽。

1981年10月4日至21日，中共中央召开了农村工作会议。会议正式肯定了土地家庭联产承包经营制度，肯定了以包产到户与包干到户为主要内容的联产承包责任制属于社会主义集体经济，从而为包产到户、包干到户上了姓"社"的户口。

根据座谈会的情况，中央决定要通过"红头文件"的形式，统领中国农业农村工作。考虑到中国农村情况，当时在写"一号文件"时，杜老除极其关注文件内容构成外，在文字结构上也下了很大功夫。文件中没有出现"严格限制、禁止"的字眼，大部分是"可以……可以……也可以……"这样的表述，由地方针对实际情况做出最佳选择。从政策的柔软性来讲，非常灵活。杜老说，中国情况太复杂，不能搞"一刀切"，要充分给予地方和农民选择权。因此，在文件中"因地制宜"的提法用得特别多。党中央、国务院以会议形成的《全国农村工作会议纪要》作为1982年"一号文件"下发，成为关乎"三农"领域的第一个中央"一号文件"。

"一号文件"下发后，在全国各地那个轰动的场面，我至今记忆犹新！农村干部和一些农民把"一号文件"印成能装在口袋里的小本本，随时翻阅。

到1986年，中央连续五年发布了关于农村政策的"一号文件"，成为中国农村改革史上的专用名词——"五个'一号文件'"。

"五个'一号文件'"，激发了亿万农民的生产积极性，促进了农村经济的蓬勃发展，为农村乃至全国各行各业的改革开放奠定了重要基础。

"上到天，下到地"

农村改革初期，中央领导同志很关心农村情况和农村改革，经常认真听取下边的汇报和各种不同的声音。在杜老的带领下，我们经常到基层调研，下边的真实情况和意见能很快向上反映。为了更深入地推进农村改革，更精细精准地了解农业和农村实情，以及农民的衣食住行和生产生活情况，农研室设立了深入到村、户的"农村固定观察点"，可以直插农户。农民的生产情况及每天的收支情况都要写在账本上。我们定期汇总分析，向中央提供农村的第一手资料，这种情况称为"上到天，下到地"。

20世纪80年代初，每年4月，农研室接到准备起草下年"一号文件"的指示后，即抽调在京的农口单位干部组成二十几个调查组，到地方调研。我也多次参加此类调研。我会抽烟也能喝点酒，我常调侃，"三农"研究就是"烟酒"。你给农民一支烟，农民会看你给他的是什么烟，一看牌子，对你的态度立即就不一样了。中午的时候，我们就在农民家里吃饭，包里带着好酒，酒一喝，农民什么实话都对你讲。

我们当时的调研和现在大大不同，当时白天调研完，晚上几个人在一起，讨论出白天的要点。回到北京后，把这些天的要点合在一起，就是一个活生生的报告。

回京后，大家在2号院的大会议室讨论方案，每个组都要汇报，全机关的人都去听。有不同看法，畅所欲言，展开讨论；领导虚心听取意见，认真考虑，一时定不下来的，保留再议。由此形成一种深入实际、深入群众、实事求是、虚心探讨、民主活跃、心情愉快的研究风气。会后，杜老向中央领导同志汇报调查和讨论情况。农研室每年都组织在京的农口单位到各地调研，调查组回来后，都集中汇报讨论，成了常规。

我深深感到，搞"三农"研究必须要和农村干部、农民交朋友，只有这样，才能获取真实情况。现在我还与不少农民及基层干部保持热线联系，手机里还存着将近300个电话号码。许多新问题、新动向就来自这个"信息网"。

很多政策是"试"出来的

谈到中央"一号文件"，绝不能忘记"农村改革试验区"的重大贡献。农村改革试验区是杜老向中央建议而建立的。杜老曾对我说，自然科学可以通过实验室做实验，但咱们搞政策的没有实验室。在农村改革的一些重要领域，能否搞农村改革试验区？在试验区里让相关政策封闭运行，先行先试。试成功了，就可以推广，如果试失败了，再想其他的办法。当时的很多政策都是在试验区里"试"出来的。

农村改革试验区是深化农村改革的产物。自1987年至1997年，经国务院批准，共建成33个农村改革试验区，分布在全国21个省区市的160个县级单位。

中国在以前是配给经济最彻底的国家，票证有一百多种。所有东西没有不要票的。到地方出差的第一件事就是去粮站办粮票，光拿省粮票不行，还要拿全国粮票，带油的。如果没带油票，还要到地方政府开证明才能吃饭。

那个时候，生产队的农产品，除了留给自己的一点外，其余的都卖给国家，由国家统一定价收购，销售价也由国家定。粮价始终与价值相背离，不能起到调节粮食供需的作用。而随着农产品生产的逐渐丰富，打破统购统销的呼声越来越高。农村开放了自由市场，并逐渐扩展到城市里，粮票也能换点鸡蛋了。

经国务院批准后，农研室在广西玉林试验区里进行了粮食购销体制改革。玉林成为当时中国唯一一个买粮吃饭不用粮票的地方。随着粮票在试验区里的取消，其他票证也相应都取消了。试验区的经验推广后，中国逐渐结束了"票证经济"的时代。

而随着农产品流通体制的改革，农村已经不需要那么多劳动力了。乡镇企业如雨后春笋般涌现，同时，大量的农村剩余劳动力进入城市，农民工出现了。

农村改革试验区的成果与中央农村改革政策密切相关，有许多成功的经验及做法直接纳入"一号文件"。目前，中央批准的农村改革试验区共 58 个，遍布全国各地，继续承担着深化农村改革"试验田"的作用。

"参事出国考察报告"推动了新农村建设

我国的农村建设，是我一直关注的重点。20 世纪 80 年代中期至 90 年代初，我曾三次受国家委派去日本和韩国做访问学者，考察过日韩几十个农村。我长期研究国外农业农村，对日本与韩国最为熟悉。但实地考察日韩农村后，倍感震惊，从心底里感到我国农村与日韩相比，差距太大，必须想方设法尽快改变现状。我也多次提出过日韩经验可供我国推进农村建设参考借鉴的建议。

2004 年 11 月，我参加了由时任国务院参事室副主任蒋明麟带队的赴日韩农业考察团。在考察过程中，我们详细了解了韩国 20 世纪 70 年代初大力推进的"新村运动"，并实地考察了几个村庄，留下了深刻印象。我们还先后拜访了两国政府农业主管部门、农协中央团体和农村经济研究机构，考察了十几个基层农村及基层农协，与韩日政府官员及农协团体干部进行了 9 次座谈。回国后，我们撰写了赴韩日考察报告，并于 2005 年 2 月呈报国务院。时任国务院副总理回良玉与国务委员华建敏高度评价这份报告，认为"写得很有见地，可印发有关部门研究"。并批转给中农办主要负责人研究。国办三局还将报告印发中农办、发改委、财政部、农业部、科技部、建设部等 14 个部门。

2005 年 5 月，时任中共中央政策研究室副主任郑新立亲自带队，中央财经领导小组、财政部、建设部、央行等几家单位参与，共 8 人再赴韩国考察"新村"建设。8 人小组回来后，形成了两个报告上报给中央，一个是关于韩国"新村运动"的感悟，另一个是关于社会主义新农村的建议。他们提出，目前的中国更有条件、更有能力搞好农村建设发展。

这两个报告成为中共中央"十一五"规划建议中制定"建设社会主义新农村"内容的重要参考依据。2005 年 6 月，时任国务院总理温家宝在全国农村税费改革工作会议上谈到"社会主义新农村建设"。10 月，在备受关注的中共中央"十一五"规划建议公布的同时，"一号文件"起草小组人员也开始了紧锣密鼓的起草工作，起草小组同志还找过我进一步了解情况。经过多次的修改和讨论，《中共中央、国务院关于推进社会主义新农村建设的若干意见》成为 2006 年中央"一号文件"，于 2005 年 12 月 31 日正式下发。

自 2006 年上半年开始，农林组参事又赴贵州、江西等 6 省实地调研，向国务院呈报了《关于对当前新农村建设几个突出问题的认识与建议》，受到国务院领导的肯定。时任国务院副总理回良玉批示："几位参事的建议很好，请中农办高度重视。"在 2006 年 11 月 7 日举办的国务院领导与国务院参事座谈会上，我们还向时任国务院副总理曾培炎报告了新农村建设的情况与建议。

农村改革 30 年重返安徽调研

2008 年，国务院参事室与安徽省政府参事室组成联合调研组，赴安徽省对"大包干"先行地凤阳县小岗村与"包产到户"发源地肥西县小井庄村开展了进村入户实地调研。

参事和专家分成 9 个小组，不要地方干部陪同，不讲任何排场，调研组根据事先设计的访谈问卷，一家一户走访。农民开始有顾虑，但渐渐发现"这些北京和省城来的官不一样，像是为我们解决问题的"，于是便滔滔不绝地诉说他们的困惑与要求。"现在上面叫建设新农村，你看村子里有几个能干事的人，都是老人和孩子，能看好门就不错了。""现在贷款比登天还难，连农村信用社都进城了！""村里工作千头万绪，干不好要挨批；干好了也没什么奔头，镇里晋升干部很少考虑村级干部。"调研组在两个村"泡"了 3 天，走访了 139 个农户，与当年按手印的"大包干"带头人等农民长时间促膝交谈，认真倾听他们的苦衷和建议，获得了大量原汁原味的第一手材料，撰写了 5 篇调查报告。

由调查报告汇总的《关于深化体制改革，推动农村新一轮大发展的若干建议》，分别报送时任国务院总理温家宝、副总理回良玉及国务委员马凯。温总理 6 月 29 日作了重要批示："调研深入细致，直接倾听基层干部群众意见，这种做法值得提倡。"回良玉副总理则直接批给中农办阅研。马凯国务委员批转发改委、财政部、农业部、教育部等 7 个政府部门阅研。

为了延续调研成果，国务院参事室与安徽省政府参事室于 2008 年 11 月在合肥联合举办了农村改革开放 30 周年座谈会暨全国政府参事高层论坛，就深化农村改革与推进科学发展等问题进行了充分讨论。

2008 年是我参事生涯中最难忘的一年，这一年，我们通过严密细致的调查研究，为深化农村改革与解决"三农"难题提出了许多重要而又颇具价值的建议，许多建议被采纳并写入 2009 年的中央"一号文件"中。

为何还要继续发"一号文件"

从 2004 年到 2009 年，中央连续发了 6 个关于"三农"问题的"一号文件"，此时，一些学者提出了质疑：党的十八届四中全会提出依法治国，为什么还要通过中央"一号文件"来指导农村工作？20 世纪 80 年代初，农业法还没有提到日程上来，真正起重要作用的还是"红头文件"。1993 年，第八届全国人大常委会第二次会议通过了《中华人民共和国农业法》。而国际上大都是依法治农，美国、澳大利亚、德国、法国、英国、日本、韩国都有农业法，欧盟有共同农业政策。

不过，我认为发"一号文件"这个"惯性"还要滑一阵子。2010 年 10 月底，国务院参事室在江苏省张家港市永联村举办中国农业论坛，我发言说："当前，舆论界、经济界及农经界对是否继续发'一号文件'有很多争论，有的人甚至主张不要再发了。我认为，现在不少地方已经出现了轻视农业、轻视农村工作的倾向。如果不发'一号文件'的话，地方同志马上会认为中央的风向变了。这个损失可就大了。"

论坛还发放了调查问卷，其中第八个问题是："您认为明年是否有必要继续出台指导'三农'工作的中央'一号文件'。"根据回收的 130 余份调查问卷统计，有 98.2% 的与会"三农"专家、基层干部与农民认为，必须要出台"一号文件"。这一数据也为中央决策提供了重要参考。

这次论坛也为中共中央"十二五"规划和 2011 年中央"三农"政策的制定提出建议。此前，国务院参事用了半年多的时间，以

"农民大转移中的中国农业——问题、对策与建议"为主题展开调研。在总的主题下，又细化了粮食安全、农村金融、农民组织化与农村人力资源四个专题，先后赴 7 个省区市的 22 个市县实地调研，广泛听取意见。

论坛讨论非常热烈，甚至出现抢话筒发言的情况。通过论坛，大家对"三农"问题提出了不少好的建议。如进一步提高农业收益，加强农业农村基础设施建设，增加农业技术投入，维护国家粮食安全；加大对农民合作组织的支持力度，支农项目更多地以农民合作组织作为实施主体，从而使中央的惠农政策更多地让农民受益；建立全面覆盖农村的生产服务、民生服务和社会保障网络，营造农村留住人才的良好环境；大力扶持发展农村合作金融等，最终形成了关于促进农业农村改革发展的 20 条建议，报送国务院领导同志。建议中的很多内容，都被采纳并写入了 2011 年的中央"一号文件"。

中国的农业政策有很强的系统性，至今，关于"三农"问题的中央"一号文件"已经发布了 20 个。改革开放 40 年来，"一号文件"成为确保中国农村的改革在正确轨道上运行的重要指南。中国的问题，就是解决好农业农村的问题。我预计，中央"一号文件"作为引领"三农"政策的风向标及加速农业农村发展的推进器，在短期内很难找到其他政策制度手段予以替代。今后，我们将深入做好精准调研，继续为党中央、国务院制定"一号文件"献计献策。

决定自己命运的关键时刻

陈平原

| 作者简介 |

    陈平原　男，1954 年生，广东潮州人，无党派人士，中央文史研究馆馆员。现任北京大学博雅讲席教授。曾任北京大学中文系主任，教育部"长江学者"特聘教授，香港中文大学中国语言文学讲座教授。先后出版《中国小说叙事模式的转变》《千古文人侠客梦》《中国现代学术之建立》《中国散文小说史》《触摸历史与进入五四》《大学何为》《作为学科的文学史》《左图右史与西学东渐》等著作三十种。

当初在乡下，最大的痛苦不是钱多钱少，
而是根本看不到出路

1969 年初中毕业，因为父母被批斗，我无法继续念高中，就插队务农去了。我当年上山下乡有两个途径，一是到海南岛的生产建设兵团，一是回到我的祖籍广东省潮安县磷溪公社旸山大队去插队。回到祖籍，父老乡亲们相对来说会比较照顾。我 1969 年 10 月下乡，1970 年 2 月就当上了民办教师。民办教师也是农民，但主要任务是教书。就像阿城小说《孩子王》写的那样，我带着学生，一边教书，一边读书，当然也一边劳动。平时要种自家的自留地，农忙也必须去公家田里参加劳动。

在同代人里面，我是比较幸运的。因为，我在乡下 8 年，有好多时间是在当小学老师和初中老师。而且，我还在邓小平第一次复出的那段时间去补念了两年高中。当时根本没办法预料将来还有可能上大学，只不过见缝插针，只要有机会，我就想读书。当年很多人认为我很傻，因为民办教师是一个很好的工作，我去读高中回来，就没有这个位置了。再过了一年，才有了新的机会，

我又当老师去了。在同代人中，我的学历是最完整的：从小学、初中、高中、本科、硕士、博士一直读下来，只是中间被切成一段一段的。

北方因为气候原因，一年有四个月不能下地劳动，所以，东北很多知青参加宣传队，会写诗、绘画、唱歌、跳舞、说相声等，而广东一年12个月都能下地劳动。我们有大量的农田改造工程，说是农业学大寨，高的地方往低的地方搬，没沟的地方硬要挖一条河……当初认为农业机械化是我们发展的道路，可我下乡的地方人多地少，加上一半是山地，根本不适合做这种改造。改造的结果，就是把下面的生土翻上来，熟土反而压在下面，收成不升反降。

因为我有民办教师这个工作，劳动强度没有当地的农民大。前期只是记工分，后期每个月除掉工分，还有五块钱的津贴，相对于其他人来说，应该是很不错的了。只不过当初在乡下，最大的痛苦不是钱多钱少，而是根本看不到出路。我相信很多下乡知青都有这个感觉。

今天的孩子们可能觉得，下乡几年，没问题，挺好玩的。但我们当初不是这么想，是准备一辈子扎根农村的。我先下去，然后我奶奶把两个弟弟也带去了。我爸爸后来回忆，说我当年有一句话让他伤透了心。我说，没想到我们三兄弟会屈死在这个小山村里。说实话，如果不是政策改变，单靠个人的力量是走不出来的。我在小学教书，教得很好，两次被推荐去上大学，最后都走不了。

我在小地方，没有能力获得各种小道消息，只能通过看《人民日报》来了解时局变化。那些有大量城市知青集合的地方，信息比较丰富，知青们也见多识广。比如说北京知青在东北或陕西，他们有自己的流通渠道，会传播各种政治消息。在那个闭塞的年代，"小道消息"很重要，但必须进入那个网络才能获得。插队知青相对来说比较闭塞，像我在乡下，孤零零的，知道的东西很少。

担心体重差一斤不能被录取

我父母是中学和中专的语文老师，家里本来就有藏书。"文化大革命"刚开始，这些书就被查封了，我下乡以后，我母亲先解放出来了，就要求把那批书还给我们。所以，我是靠那一批"文化大革命"前父母积攒下来的书籍来阅读并成长的。

那些书籍决定了我日后读书的方向。比如，后来我在中山大学、北京大学念书时的名教授，像黄海章、王季思、吴组缃、林庚的书，我家里有。而我的博士生导师王瑶先生"文革"前出版的书，我家里几乎也全都有。那些书当时读不懂，但随便翻翻，多少总有收获。所以，等于是先天地规定了我只能走这条路。比如说，我家里没多少社会科学方面的书，自然科学的那就更没有了。我在乡下能读到的书，大都是文史方面的，像古典小说、古典诗词，或者翻译的诗集，以及文学史、中学语文教材等。

我读高中的时候，各科成绩都很好，平均分数是 99 点几，除了体育课，其他都是满分。但是我深知，我回乡下劳动几年，再来参加高考，数学和物理是不可能考好的。所以我只能选文科，这跟家里这方面藏书多，以及个人的阅读兴趣有关系。

对我们那代人来说，抓住读书的机会，这是最关键的。至于毕业以后，哪个学科的知识更管用，不知道，也没想过。可以这么说，只有 20 世纪七八十年代，才有那么多人坚信"知识就是力量"。

以后的孩子们，嘴上也许也这么说，但不见得会相信。可我们那代人真的相信，所以，只要有读书的机会，哪个地方都去。

我在山村学校当语文老师，所以，语文课是不复习的，闭着眼睛走进考场都可以。我需要认真复习的科目是数学。因为数学隔了几年不读，会忘掉的。加上我本来就是在农村中学学的数学，水平有限。当年不考外语，对我们这些离开校园多年的人来说，数学是决定能否被录取的关键。所以，我从得到消息可以参加高考，到正式走进考场，时间基本上都用在复习数学上。

其实77级、78级能够考上大学的那些人，大部分都是在"文化大革命"中没有完全放弃读书的；如果不是这样，那么短的时间是准备不过来的。这么多年，我们没有完全放弃阅读，但因环境限制，绝大部分读的是文学或文史方面的书。所以，有机会参加高考，我们首先集中精力，把跟日常生活关系不大的数学补上来。我知道好多同代人都是这样做的。

恢复高考第一年，各省自己命题。广东的作文题目是《大治之年气象新》。我的作文先是在省里电台广播，后来登在《人民日报》上。这有很大的偶然性。我是语文老师，参加高考，作文必定中规中矩，稍微有一点点小才气，这样就行了。太过文采飞扬的，或者太有个性的，反而不符合高考作文的要求。考场中基本上没有好文章，自古以来就是如此。

只能说我很幸运，有了这个机会，能让我走进中山大学。这里有个很好玩的故事。高考之后需要体检，那个时候我很瘦，至今记得很清楚，体检记录是99斤。听说大学录取新生有规定，男生必须达到50公斤。我特别沮丧，因体检规定早上不能吃东西，我要是偷偷吃一个红薯，肯定就过了。为了这一斤，那段时间我非常焦虑，很怕因此而不被录取。后来听上过大学的人讲，不同专业要求不一样，念文学的，瘦一点胖一点关系不大，这才比较放心。

大家都是硬着头皮往考场里面走，
谁都没把握，但又谁都有可能性

报名参加高考的时候，就填报了志愿。我妻子在北京，她报的第一志愿北大，第二志愿北师大，第三志愿南开大学。这在我看来是很不合适的，三个志愿同一个级别，如果第一志愿录取不了，就三个都录取不了了。因为她此前在东北插队，好不容易回到了北京，她说，比天津更远的地方我就不去了。

我不一样，在山村插队，哪个地方有读书的机会，我都去。所以，我第一志愿是中山大学，第二志愿是华南师范学院，第三志愿是肇庆师专。专科、本科、重点大学都报了。报了中山大学，还被同事嘲笑。她觉得我不自量力，怎么能考得上中大呢！因为，中大在华南是最好的学校，而且，十年没招生，这么多人集中在一起，山外有山，天外有天呀。对于1977年年底参加高考的人来说，没有录取的标杆，大家都是硬着头皮往考场里面走的，谁都没把握，但又谁都有可能性。

我们三兄弟同时参加高考，我是老大，老二已从乡下回到城里，在工厂工作，比较稳定，所以他复习就三心二意，最后就我和老三考上了。当初并不觉得上大学有那么重要。有人因为年纪较大，结婚生孩子，拖累比较重，就没有参加高考；有人是不相信高考真的会按照分数录取，因为此前工农兵学员招生时也有考试，但那只是做做样子；有人是因为自己没下定决心，当然也有人因领导的阻挠而没能报名参加高考。但是，凡参加高考的，绝大多数人将来都会感觉到，那是决定自己命运的关键时刻。

当时我做好了思想准备，连师专都准备去读了，万一考不上，那就明年再考。肇庆师专最先发录取通知书，然后是华南师范学院，中山大学要晚好几天，那几天我特别紧张。

我在乡下教书，参加县文化馆组织的各种活动，写的诗歌、小说、剧本等得到很多人的表扬。而且，此前两次被推荐上大学，都没上成。我知道被录取的人成绩不如我，但是他们能上我不能，那是制度有问题。一旦恢复高考，以我的聪明才智，肯定是能走出来的。即便今年不能出来，明年也能的，所以我关心的是整个国家大政方针的变化。

我们这一届很特殊，77级大学生是1978年2月份才入学的，6月份是思想解放运动，12月份党的十一届三中全会召开，整个中国正是在这里转了一个大弯。77级、78级的幸运就在于，用当时的话来说，我们跟这个国家一起走进新时代。所以，与以后各年级的大学生相比，我们有更多天之骄子的感觉。现在的孩子们，一边读书，一边苦恼毕业后找工作、买房子等问题。而这些，我们当初从没想过。之所以比他们单纯，是因为我们都知道毕业以后会有很好的发展前景。那时的大学毕业生是国家包分配的，所以，想也没有用。正因为不必考虑太多世俗事务，我们比较多地体会大学生活里青春的飞扬。

为了体现思想解放，有些今天看来很好笑的举措。比如，不只我所在的中山大学，全国大学生都让练习跳交谊舞。不管喜欢不喜欢，都必须学。因为，这代表新时代的新风气，或者说一种新的生活方式。还有，各个大学都有自己的文学社团，中大学生办《红豆》杂志，全国十三所大学的学生社团合办《这一代》等。这些活动我都参加过，但从来不是主角。

我选择一直念下去，是因为我喜欢读书

今天怀念 20 世纪 80 年代，会把它描述成一个非常美好的黄金时代。总的印象没错，但我提醒，如果说 80 年代，请记得两首歌，一是《在希望的田野上》，一是崔健的《一无所有》。80 年代初期和 80 年代中期，是不太一样的，而且，"阴晴未定"是常态。只不过，我们的大部分同学念完本科就工作了。毕业马上工作，路走得很顺，不见得非要念硕士、博士不可。

我选择一直念下去，是因为我喜欢读书，对就业没有特别向往。我是在中山大学念硕士的，因为有机会，那我就读。至于读博士，确实有点偶然。我到北京找工作，我日后的导师王瑶先生接受了钱理群等人的推荐，希望北大中文系录用我。报到学校去，北大有自己的骄傲，觉得从中大招聘毕业生不太合适，便告诉王先生，你要是觉得他好，就招他来念博士吧。念完博士留校，那就顺理成章了。因此，很荣幸，我成了北大最早的两位文学博士之一。有机会到北大念书，也使我日后的学术道路比较顺利。但我不是北大最早的博士，数学系、哲学系都比中文系早招博士生。我进北大，那时全校博士生中的男生大概五六十人，住在 29 楼。

我第一学期的室友是学国际政治的，第二学期的室友是化学系的，第三学期以后的室友才是历史系的阎步克和高毅。不同院系的学生在一起，当然会有很好的交往与对话。可惜我后来结婚了，不太住学生宿舍。

那时读博，没什么专业课程，除了第一、第二外语是必修的。我的任务是每星期的一个下午到我的导师王瑶先生家里跟他聊天，他抽烟，喝茶；我喝茶，不抽烟。3年以后，我就被熏陶出来了。当初中国的博士学位制度刚建立，还在草创时期，并没有课程和学分的要求。好处是你自己读书，有问题向老师请教，老师就像师傅带徒弟一样跟你沟通、对话、传道授业解惑。我在纪念中国建立博士制度20周年的时候，应邀写过一篇文章，谈我当初怎么读博，学生们看了很羡慕。

现在各种各样的学分制度以及课程设计，保证了基本的教学质量。但所谓严格要求，往往是没有办法的办法。要是学生足够聪明且用功，应该让他自由发展。我们今天大学里开设那么多课程，有选课、分数、作业等要求，对于提高学生的整体水准有意义，但对于比较特立独行的人来说，那是一种不必要的限制，说严重点是扼杀。所以我才说，最近30年的中国高等教育，迅速提升了学生的普遍水准，但减少了特异之才。换句话说，模式化的教育，保证了基本质量，可牺牲了山高水低、自由发展。"文革"结束后培养的前几届硕士生、博士生，每个人都不一样；而最近20年的硕士生、博士生，同一个专业出来的，都差不多。

前些年北大做过一个改革试验，挑选若干所优秀中学，给名额，让校长推荐学生直接上北大。几年下来，我问招生办主任，为什么没看到特异之才。那些推荐上来的好学生，若参加高考，照样也能上北大。回答是：没有一个校长敢把偏科乃至某门功课不及格的学生推荐给北大。那么多人盯着，谁也不敢打破常规。我们都更相信考试制度，而不是伯乐的眼光与襟怀。而且，能上各地重点中学的，从小学到初中再到高中，一路冲杀上来，每门成绩都好，考试总在前面的，其实都被严格规训过了，很难有什么特异之才。

（原载 2017 年 12 月 29 日《北京青年报》）

我参与邓小平视察南方报道

张胜友

| 对话人简介 |

张胜友　男，1948 年 9 月生，福建永定人，中共党员，中央文史研究馆馆员。曾任光明日报出版社总编辑，作家出版社社长兼总编辑，中国作家出版集团党委书记兼管委会主任，中国作家协会党组成员、书记处书记。全国政协第十一届委员。著名报告文学作家。撰写《十年潮》《历史的抉择——小平南巡》《海南：中国大特区》《让浦东告诉世界》《风从大海来》《风帆起珠江》《闽商》《百年潮·中国梦》等电影、电视政论片 40 多部。先后获国家级及各类文学奖项 20 多次。

| 作者简介 |

曹　雪　《国是咨询》责任编辑。毕业于俄罗斯圣彼得堡国立大学语言文学系，曾任法制晚报新媒体部主编，要闻部副主编。

【编者按】中国改革开放的脚步已经迈开 40 年，邓小平同志南方谈话这一改革开放标志性事件也早已成为家喻户晓的名词。1992 年岁首，改革开放总设计师邓小平同志动身南行。当时的国内，针对改革的诸多争论、质疑声不断，邓小平以他独有的睿智和眼光，在南行过程中，发表了许多振聋发聩的讲话，勇敢地为改革开放大业护航。

南方谈话对于社会主义的本质和判断标准、计划和市场的关系等重大问题做了改革开放以来最全面明确的阐述。小平同志在他的暮年，对 20 世纪 90 年代之后的中国政治经济大局进行了精确的定位。"胆子更大一点，步子更快一点"，南方谈话精神已成为引领一代改革人前进的号角。

时任《光明日报》记者的张胜友参与了邓小平视察南方的报道，此后也一直走在中国改革报道的前沿。张胜友可以说是最大力报道和呼吁改革开放的作家之一，他写下的一系列反映中国改革前沿和时代潮流的作品，无论是通讯、报告文学，还是电视政论片，都一直坚持着一个主调：改革。而他自身的经历，也几乎就是中国 40 年翻天覆地变化的缩影。

入行即做改革开放报道

《国是咨询》记者：您是大学一毕业就进入了媒体行业吗？

张胜友：是的。那是 1982 年春天，我从上海复旦大学中文系毕业，被分配到光明日报社文艺部当了一名记者。走进光明日报社大楼，当时的感觉就是忐忑不安。《光明日报》是中国最大的一家知识分子报纸，专家、学者聚集，人才济济，进来以后只有老老实实学习，一切从零开始。

《国是咨询》记者：当时就在做跟改革开放相关的报道吗？

张胜友：进入报社当年，由于我接连采写了两篇长篇通讯：《文艺体制改革的先行者——记沈阳张桂兰家庭剧团》和《一包就灵——改革带来了希望》，在社会上引起较强烈反响，得到时任文化部部长朱穆之的赞赏，连同新华社记者采写上海杂技团的一篇报道，共三篇文章作为文艺表演团体改革参阅材料下发至全国。

《国是咨询》记者：采写这些报道有没有遇见什么困难呢？

张胜友：在当时，因为很多演艺团体经营发生困难，国家开始启动文艺体制改革。在沈阳出现了全国第一个家庭剧团，夫妻俩都是当地剧团里的台柱子，夫妻双双组织剧团下乡演出，给剧团交管理费，自主经营，自负盈亏，很受乡下农民们欢迎。这确实是新鲜事物，是引导社会文艺团体如何搞好体制改革的好新闻。文艺部主任张常海就指派我前去采访，却又担心一个刚毕业的大学生能否完成这样的重头采访任务，就决定同时让一个老同志带我去。但是老同志不太乐意去。我当时正想自己单独闯一闯呢，也有自己的一个小九九："老同志带我去，我再怎么写，最后还是老同志的功劳。"

我就跟老同志说:"你就别去了,我自己锻炼一下。"

于是,我就一个人跑去了。临行前,张常海跟我说:"你去采访半个月,回来以后再好好写。"初生牛犊不怕虎,我感到机会来了。时值隆冬,冰天雪地,沈阳的气温达零下20多摄氏度。到沈阳后,作为土生土长的南方人,我第一次感受到东北那浸透骨髓的寒冷,受不了,赶紧买了一个皮帽子把耳朵遮起来。随后马不停蹄地采访、日夜加班写作,一个礼拜就把稿子写好回北京了。张常海很惊讶,接过稿子一看,近万字的长篇通讯《文艺体制改革的先行者——记沈阳张桂兰家庭剧团》相当成熟,非常高兴,立即把稿子送给社领导。时任《光明日报》总编辑的杜导正看了稿件后当即批示:标题要大,发通栏题。说实在的,连我自己也没有想到,初出茅庐,第一篇稿子得到总编辑的好评,《光明日报》在第二版发表了,时间是1982年的最后一天,12月31日。

紧接着,1983年年初,北京京剧团赵燕侠的承包改革取得重大成果,我又奉命采写了长篇通讯《一包就灵——改革带来了希望》,将安徽凤阳农村土地改革的成功经验同文艺体制改革探索结合起来一起写,《光明日报》在1月13日的第一版发表,并配发了本报评论员文章。

我的两篇长篇通讯在《光明日报》发表后,在全国文化界引发了一场小小的地震——文化体制改革的春天来了。时任文化部部长朱穆之亲自打电话给杜导正:"你把作者带来。"就这样,我第一次走进了共和国文化部部长的办公室。朱穆之部长很高兴,和蔼地说:"你是刚毕业的大学生呀!要继续努力,为人民写出更多的好作品。"看到部长办公室那么大,办公桌也非常巨大,我觉得新鲜、好奇,整个人沉浸在巨大的温暖和喜悦之中,心底涌出一种难以名状的骄傲和自豪。

书写"时代大报告"

《国是咨询》记者：您是什么时候开始参与时政新闻报道的呢？

张胜友：这几篇文章发表以后，报社总编辑杜导正很重视年轻记者的培养与使用，当即把我从文艺部调到机动记者部写大块头文章，用现在的话说叫时政部。我有了更多的机会和更大的空间广泛接触社会，走南闯北，捕捉社会转型期的每一根敏感神经，为时代呐喊，为改革助阵，参与重大热点问题的新闻报道；六届人大、七届人大召开，我都是驻会记者，昼夜在会议现场奔波采访……从上层建筑到底层百姓，从国家大政方针到民间人情冷暖，采写了很多新闻通讯报道，也创作了很多报告文学作品。

《国是咨询》记者：报告文学作品也是发在《光明日报》上吗？

张胜友：是的。1988 年以后，我从一名普通记者走上了部门领导岗位，先后担任了记者部主任助理、作品版主编。"作品版"是《光明日报》1991 年新创办的一个栏目版面，以发表反映当下现实问题的报告文学为主，旨在以大视野观察社会记录民生，以深度报道引导公共舆论。

变，是世界上唯一不变的事情。如何适应国家、社会、生活、思维、价值和文化的大变革，在那个新闻问题依然囿于自身体制和机制、小说创作沉迷于文体实验而无暇顾及现实矛盾的特殊时期，以深刻反映现实为己任的报告文学作家，不再迷恋于生活表层的灿烂光鲜，不再踯躅于因为文学论争而无所适从的十字路口，他们勇敢地扛起报告文学的大旗，将历史的使命揽在肩头，用手中的笔大胆地触及时代的重大景观、社会的重大矛盾和人民关注的焦点热点，从而将具体于一人一事的微观叙事拓展为对于一类一群的宏观把握，由点到面，由平面而立体，从而开创了全景式全方位多角度大格局的创作模式，以文学的形式为人民做出第一手的"时代大报告"。

改革开放的记录者

《国是咨询》记者：您是什么时候开始参与电视政论片的创作的呢？

张胜友：大概在 1991 年年底，中宣部副部长翟泰丰直接把电话打到了我的办公室。给我出了一个题目——创作四集电视政论片《十年潮》，以电视影像为媒介，从历史和现实的双重视角，立体、全面、宏观地回顾改革开放十多年来中国的新变化、新面貌、新成就。

这个创作任务，可以说是我等待许久的。作为一个记者、一个作家，我虽然不能站到改革开放第一线去冲锋陷阵，但我可以用手中的笔为改革呐喊助阵，扫除障碍。我相信，任何一个有良知的知识分子，都会找到适合自己的方式来推动中华民族的进步和发展的。

1992 年春，在翟部长的组织下，我完成了电视政论片《十年潮》文学脚本的创作。《十年潮》分为"历史的选择""农村新崛起""艰难的起飞"和"走向新世纪"四大版块，分别阐述邓小平理论的形成、农村率先破冰、开启城市改革和实施对外开放。此时，欣逢邓小平视察南方并发表了一系列深刻思考中国改革开放前途命运的谈话。于是，由中宣部牵头协调，光明日报社、新华社和中央电视台通力合作，很快拍摄成四集电视政论片《十年潮》。5月25日至28日，《十年潮》由中央电视台在黄金时间——每天紧接在《新闻联播》节目之后播出，《光明日报》则每天以一个整版的篇幅刊登《十年潮》解说词。《十年潮》播出后，反响非常强烈，中央电视台又精心制作了一盒录像带，送到邓小平办公室，邓小平办公室秘书打电话给中宣部，传达小平的讲话精神：这么多年了，在宣传我国改革开放、反映改革开放方面，我还没有看到这么好的电视片。这个指示传达到光明日报社，报社非常高兴，时任副总编辑的徐光春亲自提议，颁给我一个总编辑特别奖。

《国是咨询》记者：这也是您参与小平视察南方报道的一个契机吧？

张胜友：可以这么说。其实，那时我正在生病，发高烧，深圳打来电话，邀请我马上去深圳做小平同志视察南方的片子，报社领导回话说：作者生病了。以后上级有关部门又打来电话，说深圳的医疗条件不会比北京差，马上把作者送到深圳，时间很紧。后来才知晓，这是中央安排的重大宣传项目，反映小平视察南方的片子将作为党的十四大献礼片，此前已有两部同题材的纪录片，报送中央有关领导和邓小平办公室审核，均没有得到满意的答复，而此时距离党的十四大召开仅剩下4个月时间了。

任务紧迫，刻不容缓。我发着39度的高烧，由光明日报社总编辑张常海和他的秘书白建国陪同立即飞往深圳，我们就住在小平同志视察南方时住过的迎宾馆。

因为发高烧，血压又低到50—80毫米汞柱，医生说你这是疲劳过度，也没别的更好的办法，就嘱咐我注意多休息，每天喝一点红葡萄酒和红糖水可帮助提升血压。我只能躺在床上，深圳市委宣传部的同志把小平视察南方的所有原始资料，还有关于深圳特区的所有报道、报告文学、影视资料全部送到宾馆，在我的床头架起一个垫子和播放器设备。我躺在床上看了五天，看完以后，跟深圳市委领导和市委宣传部的领导交流我的创作思路。我说，一共有三条线，第一条线是小平改革开放思想，小平两次视察南方，第一次视察南方是 1984 年，在深圳特区改革最困难的时候，小平同志出现在深圳街头，给深圳特区巨大的支持，写下题词：深圳的发展和经验证明，我们建立经济特区的政策是正确的。再就是 1992 年视察南方，小平已是 88 岁高龄的老人了，不辞辛劳为中国掀起第二轮改革开放的新高潮吹响号角，所以，要以小平同志改革开放的思想统领全片，这是第一条线。第二条线，深圳的改革开放取得非常多的成就、非常多的全国第一，但我们不是写深圳改革开放的大事记，而是要理出一条主线，主线就是：深圳在探索由计划经济体制向市场经济体制转轨过程中，为全国做出了表率，提供了成功的经验。第三条主线，深圳是中国改革开放的试验田，是共和国改革的长子，是中国改革的排头兵，它要辐射全国，推进全国的改革开放，同时它的改革开放又是在世界第三次经济浪潮、产业结构调整的大背景下闯出了自己的一条路。这三条线要互为铺陈、交相论述。他们都很赞成这个创作思路。

《国是咨询》记者：这部纪录片您写了多长时间？

张胜友：《历史的抉择——小平南巡》解说词脚本写了 20 天吧。这 20 天我窝在宾馆里，除了下楼吃饭，没有走出大门半步，完稿后，当天下午就飞返北京了。

中央新闻纪录电影制片厂马上集合各部门骨干力量，由一位副厂长带队、周东元为总导演，赶赴深圳昼夜加班加点拍摄这部电影政论片，深圳电视台则全力配合。我记得当时力量不够，还调用了珠江电影制片厂的部分力量。

《历史的抉择——小平南巡》时长 90 分钟,很快就拍摄完毕。随后,中宣部直接将其送到邓小平家里去审片。参加审片的人员有李瑞环、丁关根、李铁映、杨白冰等负责中央宣传文化工作的领导同志。一个半小时的纪录片播放完后,邓小平说:大家看怎么样,我看不错嘛,我看很好嘛。接着,大家都说了各自的意见。邓小平接着又说:我们说了也不算嘛,听听代表们的意见,看他们怎么说。于是,又把《历史的抉择——小平南巡》送到"十四大"会场,请"十四大"全体代表观看。

1992 年 10 月 25 日至 26 日,《光明日报》用了两块整版篇幅全文刊发了《历史的抉择——小平南巡》解说词。与此同时,有大量的电影拷贝发到全国各地、各大军区、各军兵种,外交部也买了很多拷贝送到驻外使领馆。我记得中央新闻纪录电影制片厂还专门给我们光明日报社送来一个拷贝。

1992 年的中国,春潮涌动,万众欢欣,无疑这是中国改革开放发出的第二波呐喊、启动第二轮集团式冲锋!

《国是咨询》记者:您是如何看待改革开放 40 年来发生在自己身上的变化的?

张胜友:可以说我是中国改革开放这场伟大社会变革的见证者、记录者、参与者和直接受惠者。

回望人生走过的路,在国家历史转折关头,有幸作为恢复高考的第一批大学生跨入复旦校园,迎来拨乱反正、真理标准讨论、思想解放运动、开启改革开放,那位开"伤痕文学"先河的卢新华便是我的同班同学。我在黄浦江畔完成了一次痛苦的思想嬗变,从幼稚走向成熟,由盲从学会了思考。我此后逐步摆脱个人命运的纠缠,更多地关注民族命运、国家前途。大学毕业后进入文学创作的自觉阶段，知道自己该写什么，不该写什么。

历史给予这一代人磨难，也给予这一代人厚爱。如果说人生经历是一种财富，那我们这一代人肯定是富有的。我们接受过比较完整的正规教育，经历了"文化大革命"的全过程，经历了上山下乡运动；我们又能适应当代的最新潮流。我们能够全身心地投身于国家改革开放洪流中去，同时又少有偏激情绪。如今，我们自然而然地成了各自领域的中坚力量。承上启下，继往开来，为实现中华民族伟大复兴的中国梦而不懈奋斗，是义无反顾地扛在我们肩上的历史使命。

（宫苏艺 曹雪／整理）

南方谈话精神的台前幕后

吴松营

| 作者简介 |

吴松营　男，1943 年生，广东省澄海人，中共党员，广东省政府文史研究馆馆员，曾任深圳市委宣传部副部长，深圳特区报社长兼总编辑，深圳报业集团党组书记、社长，香港商报社长，兼任北京大学光华管理学院、清华大学深圳研究生院、中国人民大学新闻传播学院、武汉大学新闻传播学院、暨南大学新闻传播学院、广东海洋大学等大学兼职教授。荣获全国五一劳动奖章、广东新闻终荣誉奖、深圳市优秀局级领导干部，享受国务院特殊津贴专家。主要著作有《邓小平南方谈话真情实录》《计划、市场——老路、邪路与正道》《深圳的艰难与辉煌》等。

2018 年是中国改革开放 40 周年。回顾 40 年来改革开放的峥嵘岁月，更加认识到邓小平南方谈话对中国改革开放的决定性推动作用。可以说，没有邓小平的南方谈话，就没有今天中国世界第二大经济强国的地位，人民生活也就不能从温饱而奔向小康。1992年，我作为深圳市委宣传部副部长，曾有幸成为邓小平视察深圳谈话的记录者，并参与策划首发邓小平南方谈话精神系列宣传报道工作。抚今追昔，这段 26 年前的往事仍历历在目。

"在重要关头，我还是要说话的"

人们不会忘记，1989 年春夏之交，中国发生了一场共和国成立以来从未有过的巨大"政治风波"。"政治风波"过后的一段时间，中国向何处去的问题，成了中国人民及中共党内甚至国际社会议论的焦点。

1989 年 6 月 5 日，当中国的"政治风波"还未真正结束的时候，美国总统布什就宣布在经济、政治、文化教育、外交关系等方面对中国的 5 项制裁。美国国会则很快发表声明，对中国进行严厉指责。"两院"甚至通过关于制裁中国的国务院授权法修正案，以便美国政府能够随时地以苛刻条件制裁中国。

7 月 14 日至 16 日，美国、英国、法国、联邦德国、日本、意大利、加拿大 7 国首脑在巴黎开会，宣布集体制裁中国。之后，它们继续开动各种权力机器，包括经济的、军事的和文化宣传的各种机器和工具，推波助澜，希望整个世界的社会主义就此彻底垮台。

东欧剧变和苏联解体接踵而至，更使中国内部的某一部分阶层和人士在总结历史的和现实的教训中，政治态度更加坚决和强硬，振振有词地要把"反对和平演变"作为最重要、最迫切的任务。当然，也就更加谈不上扩大对外开放和深化体制改革、推行市场经济，使国家的经济保持高速度增长了。

1990 年 5 月，中共中央办公厅转发中宣部《关于社会主义若干问题学习纲要》（以下简称《学习纲要》十九条），并在按语中讲明："此件业经中央同意"，号召各级党组织和干部群众要认真学习。很明显，颁发《学习纲要》十九条，最主要的不是要推动中国的改革开放，而实际上是要进行反对资产阶级自由化、防止和平演变的思想大动员。夏天，中共中央党校专门举办高级干部学习班，重点是学习和领会《学习纲要》十九条，主题同样是"反自由化"和"反和平演变"。从这年的下半年开始，一些报刊就不断发表关于要"重提阶级斗争""反对资产阶级自由化""反和平演变"的大块文章。北京一份权威报纸发表的一封颇有来头的"群众来信"，强硬地指出："那些对改革开放不主张问一问'姓社姓资'的，不是政治上的糊涂虫，便是戈（戈尔巴乔夫）叶（叶利钦）之流的应声虫。"

此时，中国向何处去这个尖锐的问题，搅动着邓小平的思绪。1990年3月3日，邓小平同中央几位负责同志谈话，强调经济"要实现适度的发展速度，不能只在眼前的事务里面打圈子，要用宏观战略的眼光分析问题，拿出具体措施。""中国能不能顶住霸权主义、强权政治的压力，坚持我们的社会主义制度，关键就看能不能争得较快的增长速度，实现我们的发展战略。"

可惜，邓小平语重心长的这些话，没能够成为战略思路和方向。中国当时整个偏"左"的舆论导向也就没能够得到纠正。中国仍然像一艘缺乏明确前进方向的航船，不可能给力加速，只有随波逐流，甚至原地打转。当然，也就更加谈不上扩大对外开放和深化体制改革、推行市场经济，使国家的经济保持高速度增长了。

据有关数据显示，1989年的国内生产总值只增长3.9%，1990年也只增长5%。这两年是中国改革开放以来经济发展的最低谷。1990年9月召开的中共中央工作会议不得不承认："比较突出的是经济效益下降，国家财政比较困难。"

邓小平对此当然不满意。1990年12月24日，他再次同中央几位负责同志谈话，更突出强调："我们必须从理论上搞懂，资本主义与社会主义的区分不在于是市场还是计划的问题。社会主义也有市场经济，资本主义也有计划控制。不要以为搞点市场经济就是资本主义道路。没有那么回事。计划和市场都得要。不搞市场，连世界上的信息都不知道，是自甘落后。""改革开放越前进，承担和抵抗风险的能力就越强。"

中国是一个习惯于"小道消息"满天飞的国度。"姓资"还是"姓社"的争论搞得人心不得安宁。海外关心中华民族命运的许许多多同胞、华侨、华人、国际友人也都忧心忡忡。

邓小平坐不住了，1991 年春天到了上海，开始了非同寻常的"谈话"。他希望通过上海的地位和作用，去影响全国并推动中国的改革开放。

1991 年是中国传统的"羊年"。中共上海市委机关报《解放日报》根据邓小平的谈话精神，于 2 月 15 日至 4 月 12 日差不多两个月的时间，发表了署名"皇甫平"的 4 篇评论。其开篇就是《做改革开放的"带头羊"》，接着又接连发表 3 篇评论，其要旨就是"要做改革开放的'带头羊'"；对改革开放要有新思路，"资本主义有计划，社会主义有市场"，不能把发展社会主义商品经济和社会主义市场同资本主义简单地等同起来；如果囿于"姓社"还是"姓资"的诘难，那就只能坐失改革开放、发展自己的良机，等等。这些话语，在当时是何等明亮的思想火花！无疑是在沉闷的天空划出了一道道闪电！

但是，全国的稍有分量的报刊，绝大多数对"皇甫平"都没有反响。

"九州生气恃风雷，万马齐喑究可哀。"正是在这个关键时刻，邓小平决定再南下，到深圳去。而且像他自己到深圳之后所表达的意思一样："在重要关头，我还是要说话的。"

担起全程记录邓小平谈话的重任

真没有想到，负责邓小平视察深圳期间谈话记录的重任，会落在我的肩上。

邓小平这一次"到南方休息"，除了他的家人和最贴身的秘书，中央派的主要是安全警卫人员，并没有负责文字工作的专职干部。

中央的几个主要新闻单位也没有派记者跟随。我当时是深圳市委宣传部副部长，被调去参加接待工作。

1992 年 1 月 19 日上午 9 点，邓小平乘坐专列到达深圳，到迎宾馆之后马上就说："到了深圳，我坐不住啊。"广东省委书记谢非、深圳市委书记李灏同其家人商量后，只得在上午 10 点安排老人家去视察市容。

当天晚上 7 点 30 分，邓办王瑞林主任和广东省、深圳市领导在深圳迎宾馆 6 号楼开碰头会，检查总结当天接待工作情况，落实首长接下来几天的考察行程，详细安排接待和保卫等工作。也就在这次会议上，指定要我负责做好邓小平视察过程中的记录工作。

几天时间里，邓小平在深圳国贸大厦边视察市容边发表许多重要的谈话；在参观考察的路上，坐在中巴上的邓小平常常会对周围的人发表一些重要谈话。22 日下午，邓小平在深圳迎宾馆接见部分党政军负责人时，对在场的党政负责人吹风。邓小平在谈话中，主要强调一定要坚持改革开放，坚持"一个中心，两个基本点"的党的基本路线。"谁要改变十一届三中全会以来的路线、方针、政策，老百姓不会答应，谁就会被打倒。"

23 日上午，送别邓小平之后，回到深圳迎宾馆 5 号楼的房间里，我马上同《深圳特区报》副总编辑陈锡添系统地整理邓小平 5 天来的谈话记录。几天前专门抽调过来帮忙的深圳市委宣传部四川籍干部凌泳，留下来继续协助我整理录音和抄写。为了加快工作进度，我又从市委宣传部办公室调来了机要干事沈钟生帮忙。

我们从 23 日中午开始连续奋战了将近 20 个小时，最后形成了一份《一九九二年一月十九日至二十三日，邓小平同志视察深圳的谈话记录》，共 13000 多字。这主要是作为档案之用。为了使领导更便于掌握邓小平谈话精神，我又在前面这份稿上再精简，去掉视察过程及一些情节交代的文字，形成一份《一九九二年一月邓小平同志视察深圳特区的重要谈话要点》，近一万字，分 5 个部分。最后，由我负责在两份文档末尾签字：记录人吴松营。

第二天，我就将全套的记录稿和录音带送给深圳市委秘书长兼市委办公厅主任任克雷，由他报市委领导并报送中央办公厅。

大胆破例宣传报道邓小平谈话精神

由于省市领导多次请示，要求公开报道南方重要谈话精神，邓小平都不同意"破例"，当时再向谁请示也是不可能得到同意"破例"的答复的。那么，国家发展、民族振兴的责任呢？我们这些"匹夫"为什么不尽自己的一份责任呢？

我首先向刚从北京开会回深圳的市委常委、宣传部长杨广慧汇报，建议把邓小平谈话的重要内容以评论形式进行宣传。得到市委的支持后，我又考虑到当时国内的政治形势，学习和吸取上一年上海《解放日报》发表署名"皇甫平"文章后被打压的经验教训，我们主动联系香港《文汇报》驻深圳记者站，以求借助深圳特区毗邻香港的有利条件，请香港的爱国爱港报刊配合，扩大声势，做到立体报道宣传。

2 月 20 日，《深圳特区报》在头版显要位置刊出《扭住中心不放——猴年新春评论之一》，引起社会的很大轰动。以后该报每两天发一篇"猴年新春八评"评论。

由于《深圳特区报》每发一篇"猴年新春评论"，香港《文汇报》《大公报》都同日转载，并在按语中说明《深圳特区报》的评论"原汁原味披露邓小平南方谈话精神", 这无疑壮大了对邓小平南方谈话的宣传、报道声势。香港的各种媒介以及台湾、澳门地区和各国驻香港新闻机构、通讯社纷纷转载《深圳特区报》的"猴年新春评论", 或者编发相关消息。

不久, 国内的《光明日报》《经济日报》乃至《人民日报》也都开始有选择地转载《深圳特区报》"猴年新春评论"的部分文章。北京、上海以及其他省市报刊转载《深圳特区报》评论文章的, 更是不胜枚举。

经过反复思考、筹划, 3月26日的《深圳特区报》以最显要的版面和最突出的手法发表了署名"本报记者陈锡添"的长篇通讯《东方风来满眼春——邓小平同志在深圳纪实》, 立即在广大读者中引起很大轰动。香港的媒介反应尤其热烈, 有的对《深圳特区报》的长篇通讯《东方风来满眼春——邓小平同志在深圳纪实》全文转载, 有的则摘登或编发消息。敏感的外国通讯社驻香港机构纷纷发消息。北京也传来消息: 出席全国"两会"的代表反应很热烈, 议论纷纷, 很多代表在私底下大声叫好, 有的人则四处找《深圳特区报》。

可是, 已经过了好几天, 我们主动打听, 还是不见中央主管部门及中央领导对《深圳特区报》关于邓小平视察深圳特区纪实的长篇通讯有什么反应, 连电话批评也没有。反常的"平静"经常是最可怕的时刻。当时, 作为既是记录人又是具体分管内外宣传和新闻出版工作的市委宣传部副部长, 我已经做好被双开的准备, 并向家人作了交代。

转机是在3月30日的《光明日报》《北京日报》在头版全文转载《深圳特区报》的这篇长篇通讯。后来了解到, 是邓小平在家看到《光明日报》转载的《深圳特区报》长篇通讯, 让秘书打电话给新华社的总编辑，说文章很好呀，问《光明日报》能转载新华社能不能转载？这才引起了中央主要领导的高度关注。

3月30日这天下午，新华社很快作为重要稿件全文播发《深圳特区报》长篇通讯《东方风来满眼春——邓小平同志在深圳纪实》，并且补发了一条自己的动态消息：[新华社北京3月30日电]本社今天向国内外转发了《深圳特区报》3月26日发表的一篇通讯《东方风来满眼春——邓小平同志在深圳纪实》。《深圳特区报》的这篇一万多字的通讯，详细记述了邓小平于1月19日至23日访问深圳期间的主要言行，尤其是他对改革开放所作的重要讲话。

当天下午，中央人民广播电台根据新华社通稿，全文播发。当晚，中央电视台也全文播发，一共播了45分钟，由当时的招牌主持邢质斌口播，并配上由广东和深圳电视台提供的邓小平在深圳视察的画面。

第二天即3月31日，《人民日报》在头版头条的位置转载了《深圳特区报》的长篇通讯，《解放军报》《工人日报》《农民日报》《中国青年报》等首都各大报社和全国各省市几乎所有报纸，也都在这一天的头版显要位置转载。各省市的报纸、电台、电视台也都纷纷转载、转播。

美联社、路透社、共同社等外国主要通讯社，都十分敏感地捕捉到3月30日中国在舆论上发生的重大变化，于当晚用"3月30日北京电"的形式，向全世界报道："新华社、国家电视台的新闻节目都第一次发表了邓小平1月份在华南的讲话。""中国的宣传媒介今天向全国11亿人口宣传邓小平在南方的谈话。"

这可真是中国新闻史上前所未有的盛大事情。

"平静"终于过去，随之而来的不但不是令人心惊肉跳的大风暴，而是赞扬的电话、信函铺天盖地而来，令人应接不暇。

4月1日，即将访日的中共中央总书记江泽民在会见日本驻华记者，被问及对《深圳特区报》发表《东方风来满眼春——邓小平同志在深圳纪实》长篇通讯的评价时，回答十分肯定："邓小平同志视察南方时的重要讲话，早已在全党和全国传达。现在发表邓小平同志视察深圳的报道，可以使全国人民更好地了解他的谈话精神，以便全面地贯彻落实。"新华社当即向全世界播发了这条消息。

至此，我们冒险"破例"的事情，才算画上了完满的句号。

但是，我们深知自己肩上的责任仍然重大，并没有就此停步，而是继续千方百计地为宣传邓小平南方重要谈话精神而努力。

4月8日，由我和陈锡添撰稿的电视片《邓小平同志在深圳》在深圳电视台播出。接着，我同市委宣传部新闻处的处长黄新华、副处长李小甘到香港同香港卫视洽谈，促其同意播放《邓小平同志在深圳》的电视片，让邓小平的形象上卫星电视，跨越千山万水，传播到全世界。

4月8日，由中共深圳市委宣传部策划编辑的《一九九二春：邓小平与深圳》一书由深圳海天出版社出版发行，成为当年的一本畅销书。

6月28日，我带领市委宣传部新闻处的同事，将精心制作的巨幅画像《邓小平同志在深圳》正式竖立于深圳市中心的红岭路口。香港中通社、《文汇报》《大公报》《华侨日报》《天天日报》《明报》《信报》《经济日报》，以及香港的电台、电视台等近20家新闻机构同时发布这一消息。有的报纸不但在头版显位刊登这一消息，还配发评论，说"这是中国新一轮改革开放的重要信号"。邓小平的巨幅画像成为深圳的市标，又被海内外众多媒体报道和渲染，已经举世闻名，吸引着无数的崇敬者和旅游客人。

南方谈话促成中国新一轮改革开放

历史证明，1992 年春天邓小平南方重要谈话，拨正了中国航船的航向，扭转了党内外一度思想混乱的局面，促进了全国的思想大解放，改革开放事业有了新突破，20 多年来不断取得新的巨大成果。

1992 年"两会"的重要内容是修改、补充政府工作报告和其他重要文件，使之符合邓小平南方谈话精神，促使全国改革开放步入新的进程，为党的十四大的召开创造新的条件。

10 月 12 日至 18 日，党的十四大隆重召开。江泽民总书记在报告中说："邓小平同志今年初视察南方的重要谈话，极大地鼓舞了全党同志和全国各族人民。广大干部和群众思想更加解放，精神更加振奋，上下团结一致，到处热气腾腾，进一步展现出中华民族实现伟大理想的壮丽前景。"

就在这次党的代表会议上，根据邓小平的南方谈话精神，确定了把建立社会主义市场经济作为中国经济体制改革的基本目标。党内外"姓社""姓资"的争论，被画上了休止符。人们的思想观念发生根本变化，中国的改革开放掀起了新的高潮。

与此同时，全国的经济体制改革也围绕着建立社会主义市场经济的目标，开始新的突破。国有企业股份制、企业职工内部持股、中国的两个证券市场沪市和深市规模迅速壮大。深圳、珠海、汕头、厦门四个经济特区和上海浦东新区、海南特区迎来了空前绝好的发展机遇。

从 1992 年起，中国经济又进入了持续高速发展时期。GDP 从

1991 年 2 万亿元，到 2001 年突破 10 万亿元，2006 年突破 20 万亿元，2007 年超过 26 万亿元。中国改革开放头 30 年，经济增长速度为年均 9.8%。这在世界上是绝无仅有的。

2011 年中国的经济增长速度为 9.2%，总量达 472000 亿元，跃居世界第二。2012 年党的十八大以后，我国经济仍然保持中高速增长。2013 年至 2016 年，国内生产总值年均增长 7.2%，高于同期世界 2.5% 和发展中经济体 4% 的平均增长水平。2013 年至 2016 年，我国对世界经济增长的平均贡献率达到 30% 以上，超过美国、欧元区和日本贡献率的总和，居世界第一位。

2016 年，我国 GDP 为 744127 亿元，折合 113916 亿美元。2017 年中国 GDP 达 82 万多亿元，越来越接近美国的经济总量，而把第三的日本抛得更远。与此同时，中国发展协调性不断增强，城镇化水平不断提高，教育事业明显加强，文化繁荣发展呈现新气象，健康中国建设加快推进，等等。

邓小平南方谈话距今已经 26 年。回顾当时的历史背景和 26 年来的情况，我们完全可以说，没有邓小平 1992 年 1 月的南方谈话，就没有中国的新一轮改革开放，更没有中国的社会主义市场经济和中国的经济总量世界第二；中国的改革开放会更加曲折，中国甚至世界的历史都可能要改写。

正如习近平总书记 2014 年 8 月 20 日在纪念邓小平同志诞辰 110 周年的座谈会上指出："邓小平同志对党和人民的贡献，是历史性的，也是世界性的。正是由于有邓小平同志的卓越领导，正是由于有邓小平同志大力倡导和全力推进的改革开放，中国特色社会主义才能欣欣向荣，中国人民才能过上小康生活，中华民族和中华人民共和国才能以新的姿态屹立于世界东方。"

今天，我们学习党的十九大精神，践行习近平新时代中国特色社会主义思想，必须回顾历史，了解和记住中国 40 年来改革开放的道路并不平坦；记住 26 年前我们党在推进改革开放过程中的教训和经验；记住中国改革开放总设计师邓小平经常强调、提醒的要做实事，又要敢试、敢闯的谆谆教导。每一个共产党员在新时代、新征程中，必须学习、发扬改革开放拓荒者、建设者团结奉献、开拓创新、勇往直前的精神。唯有这样，我们才能在以习近平同志为核心的党中央坚强领导下，建设新时代中国特色社会主义的伟大工程，成就伟大的事业，实现中华民族伟大复兴的中国梦。

我主持三次中日经济讨论会

周瑞金

| 作者简介 |

周瑞金　男，1939 年生，浙江平阳县人，中国社
科院研究生院兼职教授，博士生导师，中国矿业大学
淮海文化传媒研究院名誉院长。1962 年从复旦大学新
闻系毕业分配到《解放日报》，后主持《解放日报》工
作，1993 年调任《人民日报》副总编辑。1991 年以"皇
甫平"的笔名，主持撰写《改革开放要有新思路》等
四篇评论文章，引起海内外广泛反响。出版专著《宁
做痛苦的清醒者》《皇甫平改革诤言录》《中国改革不
可动摇——皇甫平醒世微言》等书。

2018 年是《中日和平友好条约》签订 40 周年。20 世纪八九十年代，我国改革开放和现代化建设事业，得到日本政府和人民颇多支持与帮助。回顾一下由人民日报社和日本经济新闻社自 1984 年联合举办的中日经济讨论会，对增进中日两国的相互了解，推动中日两国经贸合作所起的积极作用，我认为还有一定意义。

1978 年 10 月，邓小平副总理成功访问日本，8 月于北京签订了《中日和平友好条约》。从此，两国经济贸易交流与合作的活动明显加强。1984 年 6 月，代表日本经济界发言的权威报纸日本经济新闻社的社长森田康访华。他提议在北京举行中国对外经济问题讨论会，以推动两国的信息沟通和交流。此建议得到时任中共中央总书记胡耀邦同志和其他中央领导同志的赞同，并指定由人民日报社与日本经济新闻社共同筹办中日经济讨论会。

1984 年 11 月，首次中日经济讨论会在北京人民大会堂举行，讨论的主题是"中国对外开放政策和中日经济合作"。会议前夕，胡耀邦同志会见日本代表团，王震、谷牧同志出席欢迎宴会，谷牧同志出席开幕式并发表讲话，会后又会见日方与会人员，向他们详细介绍了中国对外开放的政策。从此，中日经济讨论会每两年举办一次，轮流在中国和日本召开。由两国主流媒体搭建的这个经济讨论会平台，以交流讨论中日两国重大经济发展趋势和宏观经济政策为宗旨，直接推动两国经济贸易的发展与合作，取得良好的实际效果。我于1993年调任《人民日报》副总编辑，从1995年开始连续主持了第六次、第七次（1997年）、第八次（1999年）三次中日经济讨论会。

朱镕基副总理面授我会议要点

1995年8月10日，范敬宜总编辑正式通知我，报社决定让我参加定于11月在东京举行的第六次中日经济讨论会，并作为讨论会的中方主持人。他说，第五次中日经济讨论会的中方主持人保育钧副总编，因工作岗位变动，这次就不参加东京的会议了。

当天下午，人民日报社外事局景宪法局长就来向我汇报第六次中日经济讨论会的筹备工作情况，并送给我一大堆以前举行的讨论会有关材料。景局长提出，与会的中方三位主讲人及演讲稿要早定。根据这次讨论会的中心议题"中日的新发展战略与中日经济合作"，我们商定从经济界、金融界和企业界各选一位主讲人，初拟中国人民银行行长、国家经济贸易委员会一位副主任和上海汽车工业（集团）公司总裁。他们的演讲内容，确定围绕中国"九五"计划和2010年远景目标等重大经济问题。

我与戴相龙行长、陈清泰副主任沟通，得到他们初步答应做主讲人后，于8月30日报请国务院主管全国经济工作的朱镕基副总理，审批关于第六次中日经济讨论会的筹备报告。9月1日李伟秘书来电话向我传达了朱镕基副总理的批示意见，同意戴相龙、陈清泰同志作为中方主讲人参加东京的中日经济讨论会。上海汽车工业（集团）公司新任总裁因刚接替到龄的老总裁，对上汽公司情况不是很了解，所以朱镕基副总理建议还是由对上汽公司有重要贡献、在国内外有影响的老总裁陆吉安同志，以总裁代表名义与会作为中方主讲人。后来由于戴相龙行长临时有重要任务，决定由副行长殷介炎参加东京的中日经济讨论会。这样，第六次中日经济讨论会中方主讲人就确定为中国人民银行副行长殷介炎、国家经济贸易委员会副主任陈清泰、上海汽车工业（集团）公司总裁代表陆吉安3人。

1995年11月8日上午，朱镕基副总理专为第六次中日经济讨论会的重要意图，在国务院办公室召见了我，就日本当前的经济情况、中日关系问题以及对这次两国经济讨论会的基调把握等方面，发表了重要的意见，我作了认真的记录整理。13日，邵华泽社长主持召开第六次中日经济讨论会中方在京人员预备会，宣布人民日报社代表团成立，邵华泽社长任团长，我任副团长兼讨论会主持人。我传达了朱镕基副总理8日的谈话精神，殷介炎等3人介绍了演讲要点，景宪法介绍这次讨论会筹备情况以及日方3位主讲人的演讲要点。

1995年11月26日早上，邵华泽团长与我偕陈清泰、殷介炎、陆吉安3位主讲人，以及来自四川、宁夏、山东、厦门、深圳等地的代表团成员，一起乘机离开北京，于当地时间下午2：30抵达东京成田国际机场，入住东京第一宾馆。当晚，我与日方讨论会主持人、日本经济研究中心顾问鲛岛敬治先生会面交谈，商定讨论会开幕议程、讨论安排、会议注意事项等。鲛岛敬治先生是前五次讨论会的日方老主持人，富有经验。我们早在一个月前就在北京见过面，他曾在1964年任日本经济新闻社第一任驻北京记者，在中国工作过较长时间，中文说得不错，对中国情况也熟悉。我是头一回当中方主持人，便谦诚恭请鲛岛敬治先生多多关照。我们充满信心，一定要主持好这次讨论会。

我和日本代表共同主持高规格会议

1995 年 11 月 27 日上午，第六次中日经济讨论会在东京第一宾馆国际会议厅正式开幕。应邀参加讨论会的有日本经济界、企业界、新闻界人士近 300 人，中国驻日 30 多个机构也派代表参加了会议。日本礼仪小姐主持开幕式。中国驻日大使宣读李鹏总理给讨论会发来的贺电，日方宣读了村山富市首相给讨论会的贺词。然后，日本经济新闻社社长鹤田卓彦和人民日报社社长邵华泽分别致辞，共同表示作为东亚地区两个重要邻国，在新的国际发展潮流中，应当相互借鉴，取长补短，共同努力，为中日两国，也为亚太地区乃至世界的和平与发展作出新的贡献。

开幕式简短结束后，讨论会正式开始。中日双方 6 位主讲人以及鲛岛敬治和我 2 位主持人，在主席台就座。围绕会议中心议题"中日的新发展战略与中日经济合作"，着重联系中国"九五"计划和 2010 年远景目标等重大问题，进行演讲和讨论。双方主讲人，日本贸易振兴会理事长丰岛格以《日中经济交流的变迁和展望》为题，三和银行董事长渡边滉以《信用是市场经济的基础》为题，索尼公司副会长桥本纲夫以《外资企业的几点希望》为题；国家经济贸易委员会副主任陈清泰以《深化改革必须解决一些重点难点问题》为题，中国人民银行副行长殷介炎以《中国经济和金融的对外开放》为题，上海汽车工业（集团）公司总裁代表陆吉安以《中国轿车工业的产业政策》为题，进行交叉演讲，每人掌握在 15 分钟左右。

因为双方都派出高级同声翻译，所以中日6位主讲人在上午都按时圆满结束演讲，会场效果不错，参会的双方代表都比较满意。

中日双方代表交流各领域经济问题

下午进入讨论阶段。由参加会议代表自由提出问题，经双方主持人挑选，提供主讲人作答。会议代表提问十分踊跃，主讲人回答也不回避尖锐问题，恰如其分，实事求是，讨论气氛非常融洽。

开始日方代表问：据说中国将对经济特区政策进行调整，这是否意味着经济特区的地位发生变化？国家经贸委副主任陈清泰回答：据我所知，经济特区，包括上海浦东新区的基本政策不会变化，中共十四届五中全会重申，经济特区的基本政策不变。国务院特区办内陆地区开放司司长金德本插话说：中国办经济特区的决心不变，基本政策不变，经济特区的地位、作用不变。但是有些具体政策可能会有所调整，使之更加完善，这是为了更好地向市场经济过渡，更好地适应世界贸易组织的原则。经济特区内企业进口自用物资的减免税在若干年内逐步减少直至取消，这不会影响经济特区的发展。

又有代表提问：听说中国发了文件，要控制外商投资？陈清泰回答：没有这样的文件。中国制定了对外商投资的产业指导目录，对投资不同产业，分别实行鼓励、限制、禁止政策，同时鼓励外商参与国有企业的技术改造。正在考虑哪些行业的企业允许外商参股、控股。现在，有些人提出了相互矛盾的要求，就是一方面希望中国加快向市场经济转变，另一方面又不希望调整某些具体政策，一调整就高喊政策变了。我国改革开放的基本政策没有也不会变。

为了实现改革开放的目标，有些具体政策会有所调整，但这是向市场经济的方向调整，向更加开放转变。我国已经宣布，要对4000多个税目降低进口关税，取消170多种进口商品的配额、许可证，还要在上海进行外资企业经营外贸业务的试点。不能只看到取消外资企业进口设备减免税，而看不到中国整体上向市场经济转变和加速与国际经济接轨的进程。

接着，有日方代表对中国金融改革开放政策感兴趣，提问到：中国何时对外资银行开放人民币业务？中国人民银行副行长殷介炎回答：对这个问题正在积极研究。目前条件还不完全成熟，主要是外资银行与中资银行竞争条件不平等，比如外资银行在税收上享有优惠；有关的市场经济法规、金融法规还有待进一步完善。我们准备在部分地区允许外资银行试营人民币业务，并不断总结经验。条件成熟后，也可能加快这方面步伐。日方代表接着问：中国何时实现人民币自由兑换？殷介炎回答：目前，人民币已实现在经常性项目下有条件的可兑换，但是，还不可能完全自由兑换。中国已向国际货币基金组织承诺，在20世纪内实现人民币在经常性项目下的可兑换，当然，根据中国经济发展和对外开放需要，也可能提前实现。

议题很快集中到汽车工业发展问题上来，这是日本实业界很关心的一个问题。因为我国改革开放后，中日之间汽车贸易开展得红红火火，满街跑着日本标牌的汽车。由于日本汽车商目光短浅，只热衷于从贸易中捞好处，而对投资中国汽车工业犹犹豫豫，动作迟缓，错过了到中国投资的最佳时机。中国已经确定了从德国、美国、法国等国引进8个轿车整车项目。这引起日本汽车业界的极大关注。所以，讨论会上就有日本代表直截了当地提问：现在中国的汽车工业是否不再需要日本的投资了？上海汽车工业（集团）公司总裁代表陆吉安先生，对这个问题作了非常巧妙的回答：汽车工业的竞争是必要的。中国现在全力以赴先让 8 个项目走上轨道，之后，会不会调整，将根据市场情况来考虑。有人说我是欧美派，我们公司的副总裁是日本派，我说我们都是中国派。中国对外开放对哪个国家都是机会均等。上海发展汽车工业，最早找的是日本，日本认为条件不成熟，我们只好舍近求远。中国政府 1994 年制定的汽车产业政策，限制整车项目数量，开放零部件产业。日本企业应该改变整车不动、零部件也不动的想法。是不是先从零部件投资做起？那也是很有前景的，我们拭目以待。

我正面回应知识产权侵权质疑

由于下午的讨论议题集中，讨论热烈，取得良好效果。在暂告段落后，日方主持人鲛岛敬治先生兴奋地对我说，这是中日六次经济讨论会中水平最高的一次。按计划第二天上午继续讨论，然后作总结。我与鲛岛敬治先生商定翌日上午讨论的重点转向中国中西部地区开发战略，以及知识产权保护问题。我考虑到讨论知识产权保护问题有可能出现一边倒，即日方单方面批评中国的盗版现象。所以当晚，我特地找了几位在东京的媒体界朋友，向他们了解近年来日本大公司侵犯知识产权的案例，以及日本保护知识产权所存在的问题。

第二天上午 8 点半，第六次中日经济讨论会继续进行讨论。有代表提问：中国如何加快中西部地区发展？陈清泰回答：中国在第九个五年计划中，重视沿海地区发展的方针没有变。但是，缩小沿海地区与中西部地区的差距也是重要的目标。国家将实行规范的中央财政转移支付制度，优先安排资源性开发、基础设施建设项目，理顺资源性产品价格，鼓励东部劳动密集型产业转移。中国也鼓励外商到中西部地区投资，开发资源。中西部开发的重点是水利、交通、通信、能源、矿产等基础产业。"九五"期间，东部沿海地区较快发展，中西部加快开发，对日本来说都是极好的机会。如何利用这个机遇推进中日经济合作是个重要的课题。

会议代表问：中国对中小企业实行破产，日本企业担心会影响日本对中国中小企业的投资。对此，陈清泰坦率回答：合作伙伴的倒闭是可怕的，但长期亏损，扭亏无望，坐吃山空更可怕。健全企业经营的风险机制无疑对外资也是有益的。我们实行企业破产制度，是为了建立优胜劣汰的机制，保护债权人利益，提高整个经济的运行效率。从1987年开始实行破产法，到1994年破产的企业也只有940家，破产的数量是很有限的。为了形成优胜劣汰机制，我们在试点国有企业破产时，允许把土地转让费优先用于职工的安置，使该破产的能够破产，同时又减少破产造成的震荡。

这次讨论会最后议题是讨论保护知识产权问题，有代表尖锐提出，中国在保护知识产权上存在太多的问题，不但音像产品盗版很严重，电脑软件也到处是盗版。中国政府究竟是如何看待保护知识产权的？陈清泰副主任据实回答：中国政府十分重视保护知识产权，近年已基本完成了保护知识产权的法律、法规的建设，现正加强执法和查处的力度。我们十分明白，如果知识产权得不到保护，不仅威胁外商的投资，对于中国企业素质提高也危害极大。现在少数企业追求眼前利益，侵犯知识产权，破坏了市场秩序，损害了中国的长远利益，我们坚决反对。中国对侵犯知识产权的案件，态度是鲜明的，坚持公开揭露，严厉处罚。

我看会场逐渐出现单边责问我国侵犯知识产权问题的情况，便以主持人身份亮出了自己的观点：保护知识产权问题，是一个全球性的问题，需要各国共同努力。近年日本的一些公司也曾发生侵犯外国企业知识产权的案件。我们并不隐讳中国存在着某些盗版现象，但是中国政府保护知识产权的方针是坚定不移的，中国已制定了有关法律，正在加大执法力度，严厉打击盗版等违法行为。前一晚我朋友提供的材料，正好派上用场。

我和日本主持人作会议总结

28 日上午，讨论会的提问和回答也保持了前一天下午的势头，十分活跃，气氛热烈而坦诚。11 时讨论告一段落，进入总结。按惯例东道主的主持人先作总结性发言，但鲛岛敬治先生却一定让我先讲，我看他态度真诚，恭敬不如从命。我用 20 分钟左右时间，讲了对这次中日经济讨论会的评价，以及对中日经济贸易合作的新机遇和新前景的看法。

我首先肯定第六次中日经济讨论会，是一次高规格、高层次、高水平的讨论会。会议自始至终洋溢着友好、坦率、务实的气氛，双方展开了热烈的讨论，主旨发言人的演讲和回答问题相当精彩。与会人士的提问广泛而具体，讨论深入而实在，既不回避问题又实事求是，着眼于中日经济合作的长远发展。双方人士都给予好评，加深了了解，对进一步加强中日两国的经济合作充满了信心。

接着我阐发说：这次讨论会中方侧重介绍了中国改革开放的新形势和经济发展的新战略，希望日方抓住历史机遇，进一步扩大对华投资，加强技术合作。日方则对中国经济发展的新战略表示了浓厚的兴趣，就中西部发展、特区政策、利用外资政策、加强金融监管、保护知识产权等问题提出了意见和建议。双方坦率交流，认真讨论，求同存异，进一步加强合作的愿望是真诚的。中日双方经济有很强的互补性，有着互相合作的客观需要。

我说中日经济合作已经取得了相当大的成果。1995 年中日贸易额突破 500 亿美元，日本在华创办合资企业 1 万多家，协议投资金额 1994 年就已达 142 亿美元。中国已是日本第二大贸易伙伴和第二大投资对象，日本则是中国的第一大贸易伙伴和第四大提供投资方。近年来，双方的合作领域在不断扩大。经济合作使双方得利，共同受益。两国在经济合作中不存在大的障碍。某些具体问题是可以协调解决的。本着互谅互让、平等互惠、着眼大局、协商解决的原则，两国经济合作中的问题总是可以得到妥善解决的。

日方主持人、日本经济研究中心顾问鲛岛敬治先生发表总结说：他从 1984 年到 1995 年已经主持了六次讨论会，这次讨论会是内容充实、水平很高的一次。他说：中国在 1992 年提出社会主义市场经济的发展战略，在 1994 年越过分水岭之后，中国经济显示出很大的变化。由慢性的供给不足到满足需求；由劳动密集型到资金、技术密集型的转变；由过热的超高速增长到稳定协调的增长；由集中发展东部沿海地区到重视中西部内陆的发展战略；由经济发展到重视金融开放、知识产权保护；等等。所有这些，为推动日中经济贸易进一步的全面合作，奠定了良好的基础。他乐见今后日中经济贸易合作发展的新前景。

1995 年 11 月 29 日下午，日本首相村山富市在东京首相府会见了以邵华泽团长为首的人民日报社代表团主要成员。村山富市首相对第六次中日经济讨论会给予积极评价。他坦诚表示，今年访问中国与江泽民主席会谈后，日中关系展现了新的发展前景，他对日中经济贸易的进一步合作充满信心。

日方引用鲁迅名言以表厚望

此后，我主持了 1997 年 11 月在厦门召开的第七次中日经济讨论会。那次会议主题是"香港回归与中日经济合作"，它是在中日邦交正常化 25 周年、香港主权回归中国，和东南亚发生金融风波之后这样一个大背景之下召开的。中日双方的经济发展和改革都面临新的问题，中日经济合作都有待向更高层次、更广阔领域和更高水平推进的问题。

讨论会的主讲人依然双方各 3 位，交叉演讲，每人 15 分钟。中方 3 位主讲人国家计划委员会副主任王春正以《中国经济体制改革与经济发展情况》为题，中国银行副行长高德柱以《中国金融改革的成就与前景》为题，香港贸易发展局副总裁邱达宏以《香港回归以来经济情况及发展前景》为题，各自围绕香港回归这个中心进行演讲。日方 3 位主讲人伊藤忠商事会社副社长山村隆志以《香港回归与今后中国》为题，樱花银行顾问末松谦一以《香港回归后的中国经济与日中经济合作》为题，朝日啤酒株式会社社长濑户雄三以《对华商务工作感言》为题，各自发表精彩演讲。

我代表中方主持人作总结时，突出了第七次中日经济讨论会的"三个第一"的特点。一是第一次在中国经济特区厦门召开；二是香港特区政府官员第一次作为中方代表参加讨论会；三是第一次提出了讨论会的改革问题。我说，今年 10 月在中国新闻代表团访日期间，我就和鲛岛与三森两位先生，在东京达成要顺应时代发展改变讨论会召开方式的共识。这次会议一开始，我们又就讨论会议程增加了一项关于讨论会改革问题的内容。归纳大家意见，如何把讨论会开得更具有政策性、专题性、理论性和实效性，是改革的方向。今后要邀请两国制定政策的政界人士、专题研究的理论界人士和从事实业商务金融的企业界人士，共同参加，深入讨论，更有利于从实际操作层面推进合作，解决问题。这样，可使讨论会取得更切实、有深度和更具建设性、预见性的成果。

1997 年 11 月 28 日上午，朱镕基副总理在北京中南海紫光阁会见了以鹤田卓彦为团长的日本经济新闻社代表团一行。朱镕基副总理应客人要求，介绍了中国经济形势、国有企业改革情况等，并热情坦率地回答了日本经济新闻代表团提出的问题，明确表示中国政府不会用人民币贬值的办法提高出口能力。赞同亚洲搞货币基金合作应对东南亚金融危机，但合作办法一定要大家商量。朱镕基副总理认为日本经济看好，与东南亚国家的经济情况根本不同。他对东南亚经济从长远看也抱乐观态度。这就为第七次中日经济讨论会画上了一个圆满的句号。

1999 年 11 月 15 日，第八次中日经济讨论会在东京日本经济新闻社礼堂举行。这次讨论会的主题是："改革与合作——面向 21世纪的课题"。中日双方经济界、企业界、理论界、新闻界人士共400 余人出席，是 1984 年以来规模最大的一次经济讨论会。

在会议开幕式上，中国驻日大使和日本经济新闻社负责人分别宣读了朱镕基总理和小渊惠三首相的贺电、贺词，共同肯定了有15 年历史的中日经济讨论会对促进中日经济的发展作出了应有的贡献。希望中日双方携手合作，共同寻求在贸易、投资等各个领域合作的长期对策，推动中日合作顺利迈向 21 世纪。

这次中方主讲人为国务院发展研究中心主任王梦奎，他以《世纪之交的中国经济》为题，中国交通银行行长王明权以《当前中国金融体制改革与交通银行的发展》为题，国家经贸委中小企业司司长卫东以《中国中小企业的情况与政策》为题，各发表 15 分钟的演讲。日方主讲人为：日本夏普株式会社社长町田胜彦以《在中国企业的建议及我公司发展战略》为题，国际合作银行副总裁筱泽恭助以《对华资金合作的方向与课题》为题，日本陶瓷株式会社社长谷口义晴以《以专业化高度化开拓中小企业的经营及在华经验》为题，与中方主讲人交叉演讲，也各 15 分钟。

根据第七次厦门会议提出的改革要求，此次讨论会与往届不同之处，是双方各邀请了一些中小企业家与会。中方除正式代表团外，另组成一个 25 人来自全国各地的中小企业家代表团。讨论会双方主讲人的演讲与讨论，由原来的一天半时间缩短为一天。第二天召开中小企业交流座谈会，两国企业家代表及记者 60 余人出席，相互交流经验。这不仅有助于促进中日两国中小企业的沟通信息和密切合作，也更加丰富了经济讨论会。

翌日，即 1999 年 11 月 16 日上午，在东京都文京区东京中小企业家同友会，举行了中日两国中小企业界人士的座谈会。座谈会也由我与鲛岛敬治先生共同主持。东京中小企业家同友会副会长井上三郎一开头快人快语，风趣幽默，说日本中小企业家的特点，就是想干什么就马上去干，失败了再重来，无论如何要一直向上。他说，一个中小企业培养职工最重要，让他们了解人生的意义，不能光想着赚钱。我这个企业原来 65 个员工，后来 16 个独立出去，办了 16 家企业，这就是中小企业的活力。

中方的中小企业家也在会上踊跃提出各种问题，有的希望日方企业家帮助开发自己产品的销路，有的希望学习日本的经营手法，他们向日本中小企业家"前辈"求经取宝的热情，让对方留下深刻印象。这时，卫东司长提出建议说，东京中小企业家同友会有自己的机关刊物，能否把今天在座的中国中小企业的材料摘编刊登？中国中小企业家协会也有《中国中小企业》周刊，发行 1 万份，我们也可以在上面介绍日本同行的情况。井上副会长马上回应说，卫东司长提出一个很好的建议，我们同友会在全国有 4 万个会员，我们的机关刊物每月出版 3 次，这是一个宝贵的信息交流机会。

最后我说，首次开这样的座谈会，经验不足，相信今后会更好，重要的是我们增进了了解，彼此交了朋友，迈出了合作与交流的第一步。鲛岛敬治先生说，中国的鲁迅先生说过，世界上本没有路，走的人多了，也便成了路。我把这句话作为今天这个座谈会的结束语，希望中日企业家的交流越来越多，越来越好。

我畅谈中日两国之间的师生关系

1999 年 11 月 15 日晚上 7 时，日本经济新闻社为第八次中日经济讨论会的成功举办，举行了隆重的欢迎宴会。除了鹤田卓彦社长与邵华泽社长分别热烈友好地致祝酒词外，还特地安排了一个节目，邀请中日双方主持人谈感想。

我说到，在邵华泽和鹤田卓彦两位社长直接领导下，由人民日报社和日本经济新闻社共同举办的中日经济讨论会，经过 15 年的实践，已经充分证明它是加强中日两国经济交流与合作不可缺少、无可替代的一个重要渠道。我三次主持讨论会，都是抱着向日本虚心学习的态度而来的。回顾历史，上个千年，日本向中国学习的多，而 20 世纪这一百年，却是中国向日本学习的多。在 20 世纪初，中国一批追求真理的革命先行者，如孙中山、李大钊、陈独秀、周恩来，以及鲁迅、郭沫若等就是到日本来学习取经的。后来由于发生老师欺负学生的不愉快的历史，使这种学习中断了。但中国进行第二次革命，即实行改革开放后，又迎来了 20 世纪第二次向日本学习的热潮。邓小平先生复出后很快地访问了日本，他自己讲过，他是从日本学习到什么叫现代化的。我们这个经济讨论会就是在这样一个学习日本的大背景下，由两国领导人发起组织的，一直坚持了 15 年。我们已开了 15 年的经济讨论会，我想还会再开 15 年。到那个时候，中国一定会学得更好，进步得更快，中日两国经济会合作得更好，两国关系会更加紧密，两国未来会更加光明！

我的这番感想演说赢得全场热烈掌声，中国驻日使馆的同志也特地前来对我说，你主持三次讨论会有了深切体验，才能讲出这样精彩的感言。

第二天（11 月 17 日）下午，日本首相小渊惠三在首相官邸会见了人民日报社以社长邵华泽为团长的出席第八次中日经济讨论会的中方代表。他对第八次中日经济讨论会取得圆满成功表示衷心祝贺。由于事先外交部的交代，邵社长在会见时特地提到东京都知事石原慎太郎访问台湾这件事。小渊惠三首相当即表态说，石原慎太郎访台是日本地方官员进行城市间交流，他的讲话只是他个人的见解，不是政府的立场，促进相互理解是友好合作的基础，希望日中两国媒体为促进日中两国国民的相互理解不断努力。

民营经济的禁区是怎样突破的

陈全生等

| 座谈嘉宾简介 |

<u>陈全生</u>　男，1950 年生，河北抚宁人，中共党员，国务院参事。经济学家。曾任国务院研究室工业交通贸易研究司司长，2008 年 3 月被聘为国务院参事，2013 年续聘国务院参事。曾在国家经委、国家计委、国家体改委、国务院生产委、国家经贸委等部门工作多年，长期从事经济分析、政策研究工作。

<u>姜　维</u>　光彩中国实业集团董事长、总裁，中国光彩事业日本促进会会长。

【编者按】回顾改革开放 40 年，中国个体私营经济走过了曲折复杂的发展历程，由"谈私色变"到允许在"有限范围内存在"；由"公有制经济的补充"到"鼓励发展"；由"和公有制经济共同发展"到"大力发展"；党的十八届三中全会强调公有制经济和非公有制经济都是社会主义市场经济重要组成部分，都是我国经济社会发展的基础。

国务院参事陈全生和中国第一个领取营业执照的私营企业主姜维，共同回忆了当年私营企业如何突破禁区，从艰难起步到蓬勃发展的过程，同时，对现今私营经济发展面临的问题及如何破解进行了探讨。

陈全生：回顾改革开放 40 年，中国私营经济走过的历史，每一步突破都非常不易，给我们留下了丰富的经验和深刻的教训。

个体私营等非公有制经济是社会主义市场经济的重要组成部分，是中国特色社会主义事业的重要建设力量，吸纳了全国 40%左右的就业人员，在促进增长、活跃市场、创造财富、满足群众多样化需求等方面发挥了重要作用。回顾私营经济的发展历程，确实有许多值得总结和思考的地方。

姜维：1983 年 8 月 30 日晚上，我正在看电视，突然电视里播出了时任中共中央总书记胡耀邦在接见集体企业与个体劳动者代表大会上的讲话："现在社会上有一种陈腐观念妨碍我们前进。例如，谁光彩，谁不光彩。我认为社会上有一群从事个体劳动的同志们，他们扔掉铁饭碗，自食其力，为国分忧，他们是光彩的。什么是光彩？为人民服务最光彩，为国家分忧最光彩，自食其力最光彩；什么不光彩？好逸恶劳不光彩，投机倒把不光彩，违法乱纪最不光彩，我请同志们传个话回去，说中央的同志讲了，党中央重视干个体自食其力的人，他们都是光彩的。"

20 世纪 80 年代初，我虽挣了点儿钱，但社会瞧不起个体户。听了耀邦同志的讲话后，那个感觉一辈子都不能忘，怎么能说我们是光彩的？昨天还说我们扰乱市容。

第二天，一帮从事个体经营的哥们儿买卖也不做了，不约而同拿着《大连日报》，头版刊登的是胡耀邦总书记的讲话《怎样划分光彩和不光彩》，当时大家让我来念这张报纸，我一边念大家一边放声大哭，当时大家似乎要把受到的所有歧视与委屈全部释放出来。我感觉一下子有了做人的尊严。

80 年代初的个体户

《国是咨询》记者：姜总，您是 20 世纪 80 年代初中国改革开放初期的第一批创业者，当时您被称为"个体户"，您也是"先富起来的"第一批"万元户"。您能否讲讲当初创业的经历？

姜维：1980 年，我 30 岁，刚从部队转业，在家整整等了 8 个月，迟迟没有给我安排工作。老这么等也不是个办法，那时社会闲散人员才会去做买卖，没有正式工作是让人看不起的。

陈全生：那时候流传的顺口溜是"一国有、二集体，打死也不干个体"。

姜维：当时只有妹妹支持我，悄悄把做临时工挣的 400 元钱给了我，我现在还记得这钱是她用一条花手绢包着送到我手里的。

我用这 400 元钱买了一台 120 "海鸥"相机、一台洗印机、一台放大机。将摊亭位置设在大连动物园门口，起名儿"照照看"。一个熟人路过，我下意识地躲在树后面，结果这位朋友还是发现了，问我："你躲什么？这没有什么丢人的。你比我强，你看我，在单位待着并不舒服，人际关系不好处；在家里吧，每天只能喝二两酒，多一两也不行，为什么？没钱！多一两就透支了。你多好，自在灵活。"

我永远忘不了自己第一次"发大财"的感觉。那是 1981 年 5 月 1 日，风和日丽，来大连动物园的游人相当多。我一直没有闲着，站了一天脚掌肿起 1 厘米。晚上回家，我把装满零钱的口袋拿出来，全家人坐下来一起数钱。天哪，竟然挣了 500 元钱！我把桌上的钱捧起来撒了一屋子，妹妹激动得流下了眼泪，全家没有想到能挣这么多的钱。

《国是咨询》记者：20 世纪 80 年代初，刚工作的大学生一个月才挣 50 多元。

姜维：那时我每天早上 6 点起床，吃完早饭，7 点骑车出门，布置好摊位就 8 点了。白天不敢喝水，怕上厕所丢了买卖，中午吃一个包子。动物园门口有 7 个照相摊儿，晚上 7 点一起收摊。之后，哥们儿 7 个结伴到大连最繁华的天津街，每人来两份"焖子"，一毛钱一碗。摊主是个老太太，一见我们就嚷："大户来了！"因为别人都吃一碗，我们一人吃两碗。吃完"焖子"，就各自回家。

到家是晚上 8 点，我待在暗房冲胶卷，到晚上 11 点胶卷晾干了开始洗相片，弄完就凌晨了我才能睡觉。凌晨 4 点，父亲起床为照片上光。5 点，母亲起床将照片一一装小纸袋，6 点我起床。日复一日地劳累，我天天盼下雨，那样我才能"允许"自己休息一天。

那时的我虽然挣了钱，但市容管理部门将个体户与草木垃圾等归于一类，属于被清理的内容。1983 年年初，我的执照也被有关部门没收了，在动物园门口的"照照看"摊位不得不关张。

后来在胡耀邦同志讲话的鼓舞下，我在大连市中山路租了一个占地一平方米面积的"门脸儿"，每月租金 60 元钱，让大连的书法家于植元先生题了一块匾："姜维影书社"，1984 年 1 月 1 日，我又干了起来。

王任重请吃炸酱面

《国是咨询》记者：1984 年，一位香港商人到大连考察后，表示愿意与您搞合资经营，做生意。但是在准备签合同时，却遇到了难题。因为当时的中国还没有个体户与外资合资的先例，这个合资公司无法注册，您决定到北京去"找政策"。

姜维：我住在母亲熟悉的一个叔叔家。那时没有身份证，到各个部门办事需手持县团级的介绍信，我没有，到每一个部门都毫无例外地被拒之门外。就这样在北京徒劳奔波了 3 个月，钱也折腾光了，一天只吃一个烧饼度日。

一天，这位在人民大会堂工作的叔叔给了我一张票，说人民大会堂有一场青年联欢会，让我参加活动散散心。我就背着相机去了人民大会堂。

在会场，许多中央领导同志同首都青年跳起了集体舞。突然一位中年同志问我："你是哪个报社的，看你很面生，我怎么没见过。"我说："我不是记者，我是个体户。"这下我可闯祸了，好几位武警就要把我带走。这个中年人把武警叫开对我说："个体户好呀，耀邦同志都称赞你们是光彩的。"这时旁边有同志告诉我："这是团中央第一书记、中央办公厅主任王兆国同志。"

我当时很紧张，不知道说什么好。王兆国同志问我到北京来干什么，我如实相告。他听后就把我的材料留下了。

陈全生：看来事情有转机了。

姜维：一天，我正在叔叔家里休息，来了一个人，把我带到北京台基厂×号院。警卫林立，绕过长廊，来到一间书房，一位白发老人端坐在那里，是时任中央书记处书记王任重。

王老讲："我听人说过你，我今天有一下午时间听你讲故事。"我用4个小时的时间，讲了自己干个体的经历。当讲到被人撺、被人瞧不起，摊位执照被没收时，王任重激动得拍案而起说："这些同志为什么要这么对待个体户？他们为什么不能理解，我们参加革命是为了什么？不就是为了让老百姓过上好日子吗？这些年，弯弯曲曲走了这么多路，没让老百姓过上好日子，现在国家有困难，姜维，你们能够扔掉铁饭碗，自食其力给国家分忧，我们为什么还要管你们，限制你们呢？"

我当时听完都愣了。没想到他这么激动，讲完后，他就问我："如果你的事儿被批准了，你可能会成为百万元户、千万元户。你有钱想干点什么？能告诉我实话吗？"他真诚地看着我。

我说："王老，我看过电影《高山下的花环》。战友临死前，从兜里掏出一张生活费的欠条，因为家里穷，向其他战友借的钱。交代一定要把这张欠条交给他的母亲和媳妇，给战友还钱。王老，我看后真的很难受，咱们国家真是太穷了。我要是有了钱，一定替战友还账。"

王任重最后问："有什么要求，我可以帮助你？"

我说："我没有什么要求，只是想与国家工商行政管理局的同志谈谈合资的事情。"王任重立刻给当时国家工商行政管理局的任仲林局长写了一封信："兹介绍大连市一个很有思想的青年姜维，到你那去谈一谈，你无论如何都要接待，哪怕是几分钟，此致敬礼，王任重。"

写的时候我问王老："我能不能和您照个相？"王老就问："为什么要照相？"我说："我们这些人走哪儿都说我们是骗子，我要拿您这个信，他们不得把我抓起来了。"王任重说："好！照！"我因此有了一张他写信时的照片。写完信后，王任重说："你不是怕他们说是假的吗？曹秘书，再给我俩单独照一张。"

王老还给我写了一幅字："位卑未敢忘忧国，为姜维同志创办光彩公司而题。"写完后留我在他那儿吃饭。我心想肯定能吃顿好的，结果去餐厅一看，就是一碗炸酱面。我说："王老，您就吃这个？"王老说："怎么，不好吃？"我说："不是，您就吃这么简单啊？"他反问："你以为我吃什么？"

到国家工商总局开会

姜维：第二天，我拿着王任重的信到了国家工商总局。曾无数次被门卫挡在大门之外的我，这次被工作人员直接领进局长任仲林的办公室，同四位司局长一起开会。我问："个体户怎样才有法人资格？如何才能与外商合资办企业？"

任仲林告诉我："那只有将个体户变成私营企业。"我说："要变那就变呗。"

没想到，我话一出口，任仲林立即站起来，脸色凝重且严肃。他拍着我的肩膀说："小伙子，你知道吗，我们党在 1957 年向全世界宣布，经过社会主义改造，取得了伟大成果，就是消灭了私营经济……你一句话，要变那就变呗，我不敢变，也没有这个权力变。"

此时，一位司局长站起来说："姜维同志，还有一个问题，那就是雇工问题。"根据当时的规定，雇工不能超过 8 个人，否则视为剥削。我当时就急了，质问这位司局长，凭什么雇工超过 8 个人就是剥削，司局长说，在马克思的《资本论》中关于劳动剩余价值的论述中可以找到依据。我听完就急了，说："我是共产党养大的，我不会剥削人，也不会当资本家。"任仲林见我急成这个样子就说："小伙子不要着急，如果你作为私营企业同外商合资办企业，那你就是资本家，不过你是我们党培养起来的资本家。相信党中央吧。你这件事是关于私营经济能不能出现的问题，耀邦同志有过一个讲话。我们再研究一下，你先走吧。"

进中南海讨论公司成立问题

《国是咨询》记者：正当关于"个体户到底雇几个人算是剥削"的争论愈演愈烈之时，邓小平同志在中央政治局的一次会议上提出，对私营企业采取"看一看"的方针。

姜维：又过了几日，有两个人骑自行车来找我。我一看是王任重的女儿王晓黎。王晓黎说："姜维，这是德平，耀邦同志的儿子，今天他来看看你。"

我惊呆了，胡耀邦总书记的儿子来看我？这时胡德平走过来拉着我的手说："我知道了你的情况，你从千里之外来到北京，找党解决问题，说明人民群众对党的信任，你有什么问题可以告诉我。这个材料我带走，给我父亲看看。不过我要告诉你，如果有一天你的事情被批准了，我不希望你感谢某一个人，你要感谢党。"

我把材料交给胡德平后，心里充满了期待。果然不到 1 个月，我就接到了国务院法规中心的通知，要我到中南海去参加讨论关于公司能不能成立的问题。

当时参加讨论的有全国人大常委会、海关总署、对外经济贸易部、国家工商总局等各个部门 20 多名代表。在讨论过程中，大家争议得十分激烈。开了多长时间我已经忘记了，国家为我办一个私营公司惊动了如此多的部门来论证研究，是前所未有的。

这次讨论的结果是，由于历史原因，有些政策性的问题解决不了。当我知道这个结果时，感到了压力和害怕。不过，时任国务院法规中心秘书长的王正明同志安慰我，不要怕，一定会解决的。不过，我心里确实没底。

国务院特批成立第一家私营企业

《国是咨询》记者：1984 年 11 月 9 日，经国务院特批，允许您成立新中国第一家私营企业。

姜维：当时，时任外经贸部副部长的魏玉明在办公室向我宣布：

"姜维同志，经国务院特批，你要办的私营公司通过了，可以同港商合资办企业。"接过特批文件，我的眼泪夺眶而出。魏玉明说："关于批准你公司成立的文件，你在这儿可以看，但不能带走。"

文件写得很详细，看得出，当时批准的人很为难。其中第六条关于外汇平衡的问题，记录着：耀邦同志说："他是个人企业，不享受国家的外汇政策，但我们要对他放宽，给他政策，这样他的企业才能够和外商平等地合作。"我看了真的很感动。

魏玉明问："你的公司准备叫什么名字？"我说："叫光彩，因为那是耀邦同志说的。"当时没有电脑，通信还不发达，为了不重名，国家工商局的工作人员就用电话全国查询了四天，最后正式批准用"光彩"命名的中国第一家私营企业成立。

《国是咨询》记者：1985 年 4 月 13 日，国家工商总局委托大连市工商局向您颁发第一家私营企业的营业执照。销声匿迹 27 年的私营企业又重新出现在印有国徽的文件上。直至 1988 年 8 月 12 日，在宪法修改"将私营经济作为社会主义公有制经济的补充，国家允许私营经济在法律规定的范围内存在和发展。"颁布的这段时间里，"光彩"是唯一一家合法的私营企业。

姜维：多年后，我到深圳遇到了时任市委书记的李灏同志，是他解开了我心中的疑团。他告诉我："姜维同志，你知道吗？你的事耀邦同志没少费心，我们当时也有许多无法解决的问题，可耀邦同志说让他先试办一下嘛。就这样，你的公司才得到国务院的特例批准。"

陈全生：那个时代，改革开放的阻力和障碍无处不在。解放思想与改革开放是一场持久的攻坚战。在当时特定的历史原因和政策环境下，姜维的经历艰辛、曲折并富有传奇色彩。中国的私营经济走到今天十分不易，因为这一系列连贯而持续的政策，才有了民营经济的不断发展和壮大。

私营经济的恢复、发展和壮大是我国改革开放 40 年取得的最突出的成就之一。私营企业的诞生，改变了中国经济的发展格局，加速、完善了市场经济的发展。民营企业家作为生产力最活跃的元素，极富创造力地谱写出商界的无数"传奇"与"神话"，造就了中国经济的半壁江山。

重树民间投资信心

《国是咨询》记者：从统计数据来看，民间投资增幅呈现"腰斩"。陈参事，您认为民间投资下滑的根本原因是什么？私营企业发展面临哪些问题，如何破解？

陈全生：我认为根本上是没信心。我归纳了以下因素及现象：一些民企老板以为政治上"不搞私有化"，就是经济上"不搞私有企业"，搞不清两者的区别，心里害怕，担心再来一次"公私合营"，"移民了一批"；国内土地和人工成本逐年升高，环境约束越来越强，向东南亚"转移了一批"；转移企业对国内同行形成强有力竞争，"打击了一批"；我们抓了一批受贿官员，也抓进去一批行贿的民营老板，还吓跑了一批"惊弓之鸟"；股灾高位套牢，"蒸发了一批"；清理不规范互联网金融 P2P、PE/VC、非法集资、民间理财等，又"消失了一批"；工业增加值下行，企业经营艰难，"倒闭破产了一批"；银行利润下跌，不得不对民营企业下手，压贷抽贷断贷和骗还，民营企业"跑路了一批"；还有一些民营老板自己有问题，偷税走私、吸毒嫖娼，"自毁了一批"；出清僵尸企业，再"灭掉了一批"。

过去，民间投资对地方政府来说是争抢的"香饽饽"，现在却避之不及，最好不见面。新型"政商关系"未能及时规范，地方政府官员不敢接触民间资本，不是怕湿鞋，而是怕"说不清""落嫌疑"。

PPP 项目，政府官员担心项目给民营企业后老板跑了把自己装进去；民营企业老板担心政府换届后，"新官不理旧账"，原来政策不算数。是麻杆打狼——两头怕。

《国是咨询》记者：如何才能让企业家重树信心？

陈全生：国家审议通过了《中共中央、国务院关于完善产权保护制度依法保护产权的意见》（以下简称《意见》），我认为这是件具有划时代意义的大事。《意见》明确，要坚持平等保护，健全以公平为核心原则的产权保护制度，公有制经济财产权不可侵犯，非公有制经济财产权同样不可侵犯。

企业家是优化资源配置、提高供给体系适应能力的主导力量。推进供给侧结构性改革，亟须发挥企业家的创新精神，包括面广量大的民营企业家。现在最关键的是通过保护产权、知识产权，使企业家既有"恒产"又有"恒心"。要建立"亲"和"清"的新型政商关系，把企业家当作自己人，让他们充分体会到权利平等、机会平等、规则平等。在一些具体政策执行上，不要盲目翻旧账，使创业者有安全感。

新阶段对公有制产权和非公有制产权进行平等保护，涉及非公有制经济进入服务业等领域面临着的各类隐性壁垒，涉及企业家创新收益保护等新矛盾新问题，这就需要适应新形势扩展产权保护的内涵和外延，推动相关体制创新。

姜维：我作为第一代的创业者，我享受了让一部分人先富起来的政策红利，但后面还有半句更重要，那就是带动更多的人走上富裕道路。我扪心自问，做到了吗？"打铁还需自身硬"，管束好自己的行为，遵纪守法，力所能及地发展自己的企业。我常告诫自己，告诫员工，也告诫我的老板朋友们，"不能忘本"。

（吴睿娜／整理）

推动高考的改革

张厚粲口述　吴睿娜撰写

| 口述人简介 |

张厚粲　女，1927 年生，河北南皮县人。曾任国务院参事。1948 年毕业于辅仁大学心理系并留校任教。现任北京师范大学心理学院教授，博士生导师，校务委员，全国政协委员，中国心理学会副理事长，全国教育科学规划委员会学科评议组成员，教育考试研究会副会长和国际心理科学联盟副主席等多种重要职务。从事心理学教学与科研工作七十年，主要研究领域为实验心理学、人类认知，以及心理和教育测量。张教授极富开拓精神，是中国心理学的带头人。

【编者按】今年90岁的张厚粲，出生于民国时期的书香世家。祖父张之洞是晚清名臣、洋务派代表人物，其"中学为体，西学为用"的教育思想，对中国教育发展影响深远。而这位昔日的名门闺秀，已成为中国心理学科的旗帜性人物。如今她依旧站在北师大的讲台上，教心理学有近70年了；她依旧活跃在国际心理学的舞台，推动中国心理学走向世界。

年过耄耋的张厚粲，思维敏捷，记忆清晰，谈笑间处处闪现出她的机敏幽默和豪放侠气。她经历了中国心理学的从无到有和坎坷曲折，她的风雨人生也伴随着这个"冷门"起起伏伏。改革开放40年，国家发展繁荣，也让心理学得以正名重张，发展壮大。

历史似乎在冥冥之中早有安排。1842年，她的曾祖父张锳曾在贵州兴义建立了清代的中国考试院，坚持十几年为读书人"添灯油劝学"，培养出一批人才。1905年，他的祖父张之洞上书痛陈科举危害，终使清廷下令废除科举。1978年恢复高考后，张厚粲提出对考试进行改革，随之成立的国家教委考试中心，将延续了千年的主观问答题型逐渐变为选择题、是非题等客观题，高考开始以标准化、科学化为目标进行改革，推动了国家教育改革的进程。

改革开放让心理学逐渐恢复

直到 1978 年改革开放，心理学在中国才逐渐恢复。一晃，我已经 51 岁了。

恢复和发展心理科学最好的日子到了！全国高考是从 1977 开始，而心理学是从 78 级开始招生的，原因是没有老师。全国心理学教师极度匮乏，特别是难度大、科学性强的实验心理学更是无人开设。老前辈的陈立教授首先组织了全国性的实验心理学师资培训班，由我与几位心理学教授主讲，我又在武汉办了全国性的心理统计与测量班，培养了一批心理统计和测量学老师，这些受训的老师在全国各地就成了心理学的骨干。如今，中国高校心理学系已由 20 世纪 80 年代刚恢复时的 5 个系发展到现在的 300 多个院系。

当时，面对学校师资极度缺乏的现状，我一个人讲授了普通心理学、实验心理学、统计与测量、教育心理学等心理学科的多门基础课程，从一年级教到三年级。

心理学研究人的一般心理活动规律，但了解了共同规律，还要知道人有个体差异。我的主要研究领域是实验心理学、人类认知，以及心理和教育测量。而心理测量曾经是中国心理学被批判的重点。

我希望把心理测量这一分支恢复起来。1979 年年底，在庆祝心理学恢复的全国第三届心理学术年会的会场上，我贴出了倡议书，呼吁承认心理测量的重要地位。

不是要"因材施教"吗？每个人都是不一样的。关键在于怎么区分这个差异。测量就是测测人有什么区别，关注人的个别差异。

人的智能测量比较量化，区分性强，把等级划分出来，当时讲数量化就是科学化了。其实人的差异并不只是这一个维度。说孩子聪明，智商都120的两个人一样吗？两个人都聪明，但聪明的领域也不一样。测量最后的目的，不是测一测你聪明我笨就完了。目的是找出你的优点、缺点，扬长补短，好的地方继续发挥，不足的给予补救，给予培训教育。现在学习困难的测量不都是为了补救吗？所以量表的解释是最重要的。关键看你怎么解释数据和结果。教育学的原理不就讲皮格马利翁效应，说这个孩子特聪明，老师总照顾，其实可能他原来并非好学生，最后发展得可能很好。所以成人对孩子的态度是很重要的。

呼吁之后，我开始在北师大主讲"心理统计学"，编写了中国最早的《心理与教育统计学》教材，并主持与协助一个外籍教师讲"心理测验"课。应用心理统计和心理测验的理论，主持了《韦氏儿童智力量表》《瑞文标准推理测验》的修订和《中国儿童发展量表》、"高中学生升学与就业指导测验"的编制等工作，这些量表为中国儿童早期教育、职业培训和中等学校的学生发展提供了客观评价的基础工具。

1984年成立了中国心理测量专业委员会，又在中国教育学会下成立了"教育统计与教育测量学分会"，心理和教育的测量学理论与应用终于在中国教育界扎下了根。

出一道像样的题，绝不是一拍脑门就成的事。比如《韦氏儿童智力量表》第四版（中文版）修订时先选取1833名儿童初测，再根据数据逐题分析，单修改题目就用去了两年时间。之后，再次全国实测，修改题目……最终测试人数达2237人，整个工作耗时6年。这个量表终于成为各种特殊学校及医疗机构、心理咨询和治疗机构等的必备工具。

现在的市场什么都做，出两个题就叫问卷了。其实不懂的人根本不知道，好多题都有暗示性在其中，用它根本测不出真实水平。现在智能理论有了发展，智能的概念已不是仅包括言语和数理方面的智力高低了。比如多元智能认为人的智能有 8 种，不能只从一个方面的智力测量看结果。另外，外国拿来的测验，根本不应该也不适于直接应用。很多是中国没开放时，没买外国版权自己弄来的，那个常模早已过时了。现在社会发展这么快，孩子生长的环境变了，接触的信息大量增长，拿许多年前的常模来比较，是不具有科学性的。

运用心理测量理论推动高考改革

我非常希望能将心理测量理论运用到实践中，我当时教统计课时，必须要有数据。1978 年恢复高考，传递出国家重视人才、尊重知识的信号，这是多大的喜事啊！我就希望能拿到高考的数据进行分析，看看这份试卷是否能够公平公正地选拔人才。

我先派一个学生到教育部去要高考数据，向他们解释我们的初衷，但教育部并没有把数据给我。

其实，教育部也在琢磨改革的方法。1981 年，他们邀请了美国教育考试服务中心（ETS）作教育测量报告。我从学校科研处要到 6 张票，作报告的那天下午正好我有课，我就挑了几个能干的学生去听，让他们把问题记下来。学生回来对我说，参加报告会的都是全国考办主任，没有提问题的。休息的时候，学生把问题写在纸条上递了上去，但并未得到当场解答。

我开始以为这事就这么过去了。谁知道过了一个礼拜，系里找到我说，ETS 的人对我们提的问题很感兴趣，希望能上门交流。

就这样，教育部高教司司长带着美国人来了，他们坐在大长桌的一边，我带着七八个学生坐在长桌另一边。经过充分准备，我的一个学生先用英语做开场白，然后每人都用英语提一个问题。学生和美国人完全可以交流，我也不言声，只是到问题较深的地方，我恐怕学生听不懂，就帮助解释几句。专门陪同来的翻译因为不懂专业词汇，也就坐在那儿不说话了。

交流会后，美国人赞不绝口，教育部的司长也对我们刮目相看，说你的学生真厉害，毕业时给我几个吧。我们在全国转了几个学校，你们是非英语系的，能说成这样，真是给国家争光。

从那以后，我们得到了教育部的认可，也拿到了历年来全部的高考数据。但分析过后，全国海量数据的统计结果让人揪心。

单看区分度，每年都有一些题目必须淘汰。更严重的是，大部分试题信度（可靠性）很低，效度（有效性）竟然出现了负值。

影响高考质量的原因主要有二：一是出题随意性太强，延续了千年的问答题型仍在大面积沿用，有些文科试卷，只有四大道论述题平分天下；二是评卷完全靠人工，主观差异惊人。拿语文来说，同一张答卷，五个地区打分能差出 32 分来，甚至数学也能相差 15 分。

随后，高教司分出来一部分人成立了考试中心，与我们合作，以标准化、科学化为目标的高考改革开始了。我们参加了国家"八五""九五""十五"有关教育考试的多个重大课题，1985 年，我们联合完成的"普通高校招生考试标准化广东试验区试验"获得教育部全国首届教育科学优秀成果一等奖。

短短数年间，选择题、是非题等客观题大量出现在卷面上，机器阅卷逐渐铺开，有效地提高了考试质量。连续几年培训了全国考试管理干部，将高考的科学化和标准化落实于各级执行层面，提高了高考的公平性。

心理测量学理论相继应用于高等教育自学考试、国家人事部、劳动和社会保障部主持的各种职业任职资格考试、国家卫生考试、中国汉语水平考试、企事业单位的选人用人测试中。20 世纪 80 年代末，我还参与并指导了国家公务员录用考试的设计与命题。

中国心理学走进国际舞台

中国心理学从 20 世纪 50 年代开始就与国际失去了对话，改革开放后，国内的一批心理学学者竭尽全力促使中国心理学尽早进入国际领域。

前面说到，我最不怵的就是和外国人打交道。1981 年，我初次到美国访学，访问了匹兹堡大学、宾州大学、密歇根大学等，与一些著名心理学家建立学术合作关系。此后访问了全球二十多个国家，加强了与国际心理学同行和机构的交往。我还曾培养了两个来自赞比亚和巴基斯坦的外国留学生。

一年后回国，我在北师大开设了一门新课叫认知心理学，将这个已在国外发挥作用近 20 年、影响心理科学发展进入新阶段的先进学科引入中国，特别是依据认知的信息加工理论开始了汉字认知的研究。后来，又邀请著名心理学家、诺贝尔奖获得者司马贺（Herbert A.Simon，又名西蒙）来华讲学，更拉近了中国与国际前沿领域的距离。考虑到中国特色，从那时起我带领学生连续开展和推动了"汉字识别""中文阅读理解""认知方式""PDP 模型（并行分布模型）"等方面的实践研究，目前，中国学者们的汉字研究成果已被国际公认、世界领先。

1983 年，诺贝尔经济学奖获得者、人工智能创始人之一、美国著名心理学家司马贺由中国心理学会邀请来北京访问，并为他在北大组织举行了三个月的"中国认知科学讲习班"，由荆其诚教授和我做口译。这个班的学员来自中科院、中国各大院校的心理学、计算机科学、人工智能、神经科学等学科骨干人才。这次培训不仅培养了中国认知心理学和人工智能的第一批人才，还开辟了中国认知科学与人工智能等新领域。一年多以后，我们将他的口述材料加以整理，出版了《人类的认知：思维的信息加工理论》一书，也是当时国内第一本介绍国际认知科学最新前沿的科学著作。

1984 年，中国心理学会加入了国际心理科学联合会（IUPsyS，以下简称"国际心联"）。我当时作为中国代表之一，随荆其诚一起赴墨西哥，参加国际心联 4 年一次的大会。会上荆教授当选国际心联的执委，自此，我国在这个心理学的权威组织中待了二十余年，至今就没出来过。并且在这期间有 3 人担任了副主席。我是 1996 年当选国际心联执委，4 年后又成功当选副主席。从荆其诚先生，到我，再到张侃，咱中国学者已经当了 3 届国际心联副主席，目前还有张建新在做执委。中国参加国际性学术活动的人数，从无到有日益增加。

记得 1992 年我率团参加在澳大利亚举行的国际心理学大会时，中国代表团仅十几人，到 2016 年在日本举行的第 31 届国际心理学大会时，中国出席人数超过 800 人，多数成员为中国各个高等学校的教师与研究生。这些都表明了中国心理学的飞速发展、整个国家心理学的整体实力与学术地位的显著提升。

时代造就新青年

郗杰英

| 对话人简介 |

郗杰英　男，1952 年生，河北平山县人，中共党员，国务院参事室特约研究员。研究员，享受国务院特殊专家津贴。曾任中国青少年研究中心党组书记、主任，中国青年出版总社党组书记、社长，中国青少年发展基金会党组副书记、常务副秘书长，团中央研究室副主任。为中共十六大代表，十一届全国政协委员。长期从事青少年工作与研究，著有《为青年鼓与呼——郗杰英青年研究文集》等著作。

【编者按】"青年兴则国家兴，青年强则国家强。青年一代有理想、有本领、有担当，国家就有前途，民族就有希望。"在党的十九大报告中，习近平总书记对青年一代寄予殷切期望。青年是国家经济社会发展的生力军和中坚力量，实现中华民族伟大复兴的中国梦，青年责无旁贷。

改革开放40年来，我国政治、经济、教育、文化、科技、外交、军事等方面都发生了翻天覆地的变化，硕果累累。那么，中国青年群体在这一剧烈变革时期的状况如何？对这一群体应给予怎样的评价？这一群体中有哪些新的特征，有哪些需要关注和解决的困难和问题？《国是咨询》编辑部对话国务院参事室特约研究员、曾任中国青少年研究中心主任的郗杰英，请他就当代青年的现实状况和今后发展等谈谈看法。

当代青年发展的新环境和新机遇

《国是咨询》记者：改革开放40年来，经济社会大发展，人民群众的物质生活水平大幅提高，为当代青年的健康发展提供了坚实的基础，青年群体本身也处于不断的成长进步中，您是如何看待这些处于巨变中的中国青年呢？

郗杰英：谈到认识当代青年，首先要看我国改革开放 40 年来发生的翻天覆地的巨大发展和变化。1978 年我国 GDP 为 3645.2 亿元，处于世界排名的 100 位以外，2017 年我国 GDP 达到 827122 亿元，排名世界第二。1978 年我国城镇居民人均可支配收入 343.3 元，2017 年达到 25974 元，增长了 75 倍。改革开放使人民的生活质量得到极大改善，物质生活水平大幅提高。城镇居民的恩格尔系数由 1978 年的 57.5% 下降到 2017 年 29.3%，进入联合国划分的 20%—30% 的富足区间。同时我们应看到，我国的人均 GDP 还不高，排名处于世界的第 71 位；我国的基尼系数还较高，贫富差距较大。

改革开放是我国经济从传统经济向现代经济转变的过程。在这一转变过程中，我国实现了由计划经济体制向社会主义市场经济体制的转轨。这不仅是经济领域的一次深度变革，它同时影响到整个社会生活的方方面面。生产资源配置方式、产业结构和所有制结构发生巨大变化，非公有制经济迅速发展壮大，人民获取资源的渠道也呈现多样化。经济体制的转轨推动着社会结构的调整与分化。一方面，社会组织由单位制向社区制转变；另一方面，社会阶层分化明显、分布更加复杂多样。

改革开放是我国主动融入国际社会的过程。在全面参与全球化中促进自身发展，国际影响力大为提高，并推动全球建设人类命运共同体。同时中国的崛起，也面临不少新的挑战与困难。

改革开放以来，我国的民主和法治建设有了长足进展。当前正处于"黄金发展期"与"矛盾凸显期"的叠加阶段。新时代人民群众对美好生活需求旺盛，但供给不平衡、不充分的矛盾突出。社会各阶层各方面利益的摩擦增多。人民群众对民主法治、公平正义格外关注，对在民主法治基础上建立公平公正的利益协调机制提出了更高要求。

特别是互联网的发展和普及是 20 世纪 90 年代中后期以来全球范围内的一个革命性变化，对政治、经济、文化、生活的各个方面都带来了深远影响。当代中国青年群体以"80 后""90 后""00 后"为主体，他们正是在以上背景下出生、成长起来的。他们身上带有着鲜明的时代印记，在世情、国情的巨变中，在科技革命中，在中国"强起来"的奋进中，在实现"两个一百年"伟大目标的指引下，充满自信地站在我们面前。

当代青年的新特征

《国是咨询》记者：我国的改革开放、经济全球化、科学技术的发展和东西方文化的激荡，使当代青年面临前所未有的机遇与挑战。在此过程中，中国青年群体发生了哪些新的变化和问题？具有哪些新特征？对这一群体应给予怎样的评价？

郗杰英：我认为，当代青年的主流是健康发展、积极向上、充满希望、值得信赖的。改革开放进程中成长起来的青年一代具有以下鲜明特征：

一是，他们是我国受教育水平空前提高的一代。随着国家对教育投入的不断加大，2007 年我国已跻身于免费义务教育水平较高的国家行列。2017 年我国高等教育毛入学率已达到 42.7%，而 1978 年只有 1.55%。从宏观上讲，我国基本实现了基础教育普及化，高等教育大众化。从青年家庭微观来看，随着家庭生活的大幅改善和子女数的减少，使每个家庭的养育资源更为集中，投入空前。目前，我国 30 岁左右青年人的平均受教育年限已接近 11 年。

二是，他们是视野开阔的一代。对外开放促进青年了解世界，科学技术的发展极大提高了青年的信息获取能力，传媒业的发展、丰富的信息渠道拓宽了青年的视野。

三是，他们是注重民主与权利的一代。改革开放以来的民主和法制建设、人权事业的发展，增强了青年的法律意识、权利意识和依法维权的能力，他们的权利主张已涉及健康权、发展权、劳动权、受教育权、参与权等各个方面。这一代青年热心公共事务，具有较强的社会责任感，有强烈的社会参与愿望，当一名青年志愿者成为时尚。

四是，他们是广泛频繁流动的一代。改革开放打开了社会流动的通道，使这一代有了更多的选择机会，求学、择业、居住、旅游等流动频繁。以职业为基础性的社会阶层分化机制逐渐取代过去的政治身份、户口身份和行政身份为主要依据的分化机制，一些新的社会阶层逐渐形成。青年人面临着前所未有的发展机遇。正是这种流动，特别是新生代农民工"做个城里人"的强烈愿望和行动，改变了青年人口的自然分布，提高了我国城镇化的水平。青年人在流动中接受教育和培训，学习掌握生活和业务技能，积累了经验；同时他们走南闯北，见多识广，成为城市新市民和振兴乡村的骨干力量。

五是，他们是充满自信、务实进取的一代。成长于我国改革开放和国家强盛进程中的这一代青年人，是自豪自信的爱国者，是务实进取的奋斗者，在某些领域，他们已成为先进生产力的代表。他们对党的主张高度认同，对实现"两个一百年"的宏伟目标热切渴望，而且已同他们过上美好生活、体现人生价值的追求高度融合在一起，他们的理想根植于现实的土壤中。我们看到，在跻身世界前列的互联网行业中，在"中国制造""中国创造"的产品走向世界的过程中，在茫茫大漠戈壁的火箭发射场，在辽阔海洋的舰船上，在志愿服务的活动中，在道德模范的行列中，在校园苦读的莘莘学子中，他们都是生机勃勃的有生力量。

六是，他们是真正的"网络一代"。互联网诞生至今不过40多年的历史，而我国正式进入互联网不过20多年时间。但自20世纪90年代中期以来，互联网及与互联网融合的多媒体、移动通信、物联网、人工智能等，已经深刻地改变了人类的思维方式、生活方式、行为方式。而与互联网同生同行的年轻人是网络时代的"原住民"，他们的学习、就业、娱乐和日常生活，无不同网络紧密相连。据互联网信息中心2017年的最新数据，我国网民规模达7.51亿，其中，近半数为10—29岁的青少年。互联网对"网络一代"的社会化发展来说，其影响和家庭、学校一样重要。互联网在很大程度上改变了青少年的人际交往方式，使他们的社会观察更加自主，思想表达更为自由。他们有信息技术优势，形成了新的社会组织和动员方式，会更有力量去影响社会。

七是，他们是分化明显、承受生活与发展压力较大的一代。当代青年的阶层分化不但有代际传承的因素，也有自身受教育程度、就业岗位、收入水平、人际交往的原因。但不同阶层的青年都存在着教育、就业、住房、成家和养育子女的压力。他们对美好生活的向往更为强烈和迫切。

青年对改革开放的新期待

《国是咨询》记者：青年是未来的决定力量。青年承载着国家民族的未来，国家和社会不但要时刻关注他们，更要更加关爱、关心他们，加大投入，创造条件，保护和促进他们健康成长。您认为当代青年人对未来国家、社会及个人发展等方面有着哪些期待与要求呢？

郗杰英：当代青年切身感受着改革开放以来经济社会建设的巨大发展和进步，也深刻体会到城乡之间、区域之间的差距，社会分配的不公，收入差距的拉大，资源环境的恶化和发展的不协调，供给的不充分。他们热切期望随着改革开放的深入，我国的发展能更加以人为本，更为科学和全面。

当代青年普遍高度认同民主法治观念，对民主权利、法制建设水平的要求越来越高。他们对在民主法治的基础上，建立公平正义的利益协调机制提出了更高要求。这必然要求我们更加尊重青少年的主体性，更高程度地满足青年对民主权利和切身利益的诉求，要求我们的政府和社会各有关方面更好地保障青年知情权、参与权、表达权、监督权，贯彻依法治国的理念，依法行政，依法办事。

青年形成了开阔的视野，必然要求在政府管理和公共事务中，在基于我国国情的情况下，借鉴世界一切优秀的文明成果，尊重和采用符合人民利益诉求、被国际广泛认同的共同规则。就业是民生之本，对于初次步入社会，对未来充满希望的年轻人更是如此。青年对就业创业有着普遍的强烈的需求，必然要求国家和社会给予特别的关注、特别的政策和特别的措施予以热情支持。农村青年作为我国城市化的主力军，大量进入城市，逐渐成为事实上的城市人口，他们必然要求改革城乡管理体制，为进一步融入城市、共享发展成果创造条件。

当代青年人是在改革开放年月成长起来的，他们享受了改革开放进程中的成果，当然也要承受这条路上的艰辛，并要同党和人民一道同心同德去克服遇到的问题和困难。同时，青年时期的基础性、成长性、可塑性、过渡性等一般性规律和特点在他们身上也自然存在，青年人在完成求学、就业、创业、成家、抚育后代等阶段性任务的过程也不会一帆风顺，也会承受一些压力。因此，党和国家及社会等各个方面更要为他们的成长、成才铺路搭桥，为他们的生活、工作、创造提供条件和帮助。

习近平总书记在党的十九大报告中指出："全党要关心爱护青年，为他们实现人生出彩搭建舞台。"我理解，这个舞台要给予青年人三个支持系统。一是理想信念支持系统，这就要教育引导青年一代树立理想，养成道德；二是物质生活支持系统，这就是要为青年的学习、工作、生活提供日益提高的必要物质条件，帮助他们学会本领，增长才干，解决遇到的困难和问题；三是情感支持系统，这就是要了解、理解青年，倾听他们的呼声，尊重他们的合理诉求，保护他们的精神权益。这三个方面缺一不可。

2017 年，中共中央、国务院印发了《中长期青年发展规划（2016—2025 年）》，并发出通知，要求各地区各部门结合实际认真贯彻落实。这是我国第一部关于青年的发展规划。规划所指的 14—35 周岁的青年，恰恰涵盖了"90 后""00 后"年龄段的青年；而 10 年规划期，恰恰是实现"两个一百年"奋斗目标、实现中华民族伟大复兴中国梦的关键时期。由此可见，党和国家对青年一代寄托殷切期望，倾注更多关爱。

（曹雪／整理）

中西合璧的教育梦

杨福家口述　吴睿娜撰写

| 口述人简介 |

杨福家　男，1936 年生，浙江宁波人，核物理学家，教育家。中国科学院院士，第三世界科学院院士，中央文史研究馆馆员，宁波诺丁汉大学校长，中国特大型综合性辞典《大辞海》的副主编。曾任中国科学院上海原子核研究所所长，复旦大学校长；英国诺丁汉大学校长，是出任英国著名院校校长的第一位在籍中国人。

领导、组织并基本建成了"基于加速器的原子、原子核物理实验室"。主要著作有《原子核物理》；与美国 Vanderbilt 大学杰出教授 J. H. Hamilton 合著的《现代原子与原子核物理》一书，1996 年由美国 McGraw-Hill 公司出版。此外还有《追求卓越》《从复旦到诺丁汉》和《博雅教育》等。

【编者按】今年82岁的杨福家先生幽默地将自己的人生分为两个阶段：中国科学院院士和中央文史馆馆员，"很荣幸一生当中拿到这两张证书"。

杨先生的家乡在浙江省宁波市镇海区，这个地区"盛产"院士，至今已出了26位。杨家一门就走出两个：杨福家和他的哥哥杨福榆。二人术业有专攻，杨福榆是生物化学家，杨福家是核物理学家，兄弟俩相差9岁，恰巧在1991年同时被评为院士。也是从这一年，杨福家走上了教育管理之路。从复旦大学校长到英国诺丁汉大学校长，他活跃在世界舞台，"阅"校无数，思考并提出了"博雅教育"。而他创办的宁波诺丁汉大学则是其对博雅理念及教育国际化的一场生动实践。

2012年，时任国务院总理温家宝向杨福家颁发了馆员的聘书。在此之前，他就曾以国务院参事室特约研究员的身份就教育问题多次上书中央，为高层决策提供借鉴和参考。"如果我们观察一下世界一流顶尖大学就会发现，其在科学上的贡献都与文化有关。不管是'做人'还是'修业'，都离不开文史与科学，离不开文史与科学的交融。"如何在全球化时代把我们中国的事情做好，杨福家不断地思考探索。

他是一个有深厚人文情怀的科学家，一个充满使命感且清醒的思想者，同时也是一位敢讲真话的建言者。

历史给我的机遇

新中国成立后，西方对我们进行封锁，科研人员都派往苏联学习。我的哥哥就是在莫斯科大学拿的学位。但是1962年，中苏关系破裂。邓小平同志指示，我们不去苏联就派人到西方去。当时说这个话是要有胆量的，因为中国与西方的关系并不好。

正是邓小平的这个决定改变了我的命运。说来也巧，邓小平讲这个话的时候，丹麦的奥格·玻尔教授正在中国访问，他邀请我去丹麦做访问学者。

出国首先要通过语言关。当时在全国范围内选了几十位同志集中到北京进行英语强化培训。我的英语主要用于读写，平时没机会开口讲。到北京后，北京外国语大学的许国璋教授对我们进行考核，他让每个人读一段英语，再问两个问题。考下来，没一个人合格。他说："以你们的英语水平，别想半年能通过，两年能通过就不错了。"我们一听，心想这下完了。

第二天，我正好碰到后来担任北京大学校长的陈佳洱，我俩约定，每天早上散步，不讲中文，就讲英文，就这样坚持了半年。最后，40位候选人中有4位通过了考试，我和陈佳洱都在其中。我去了丹麦，他去了英国。

顺利通过语言关，对我来说意味着从此打开了通往世界的大门，我的人生轨迹发生了重大的改变。

从复旦到诺丁汉

从 1980 年至 1990 年是我教学、科研双丰收的十年。1991 年我被评为中国科学院学部委员（现改称"院士"）。当时谁也不知道能否选上，我看电视上播放一张张照片，发现我哥哥也在上面，就给他打电话，他自己还不知道这个消息。到现在为止，兄弟俩同时当选的也是唯一一例。

我在 1991 年担任复旦大学副校长，并从 1993 年任复旦大学校长。从此，"校长"这一称呼与我结了缘。

当院士和当校长是两码事。我在就职演说中提出了"追求卓越，争创一流"的想法。既然让我做校长，我就要做好，这是我一生的观念。随着教育的国际化趋势，中国的大学校长就应该多走出去。既要了解世界，也要让世界了解你。

1996 年，我第一次参加"国际大学校长协会"的会议。由于会前做了充分准备，结果作为中国唯一代表当选执行理事。1997 年美国开了一次全美大学校长会议，3000 多位校长参加，会议第一次邀请了 5 位外国的大学校长发言，我被推荐为其中一位。

在我的建议下，国际大学校长协会首次在中国召开会议，100 多位国外大学校长光临复旦大学。同时邀请的还有几十位中国大学校长。我邀请 10 位中国名校校长聚会于复旦，正式成立了中国大学校长联谊会。我被选为该联谊会首任会长。

第一次到英国则是 1998 年。教育部推荐我代表复旦大学到英国参加 21 世纪大学校长协会。两个月后，我又被教育部点名作为中国大学校长代表团团长访问英国。这两次访问，让英国的教育界也对中国教育有了认识，我也与诺丁汉大学的时任校长成了好朋友。我俩的教育观点有很多共识。

次年 7 月，英国诺丁汉大学授予我荣誉科学博士学位。这个学位和该年 3 月获得的香港大学荣誉科学博士学位都让我倍加珍惜，因为 1999 年我已不再担任复旦大学校长。

2000 年 12 月 12 日，英国诺丁汉大学校董会宣布正式聘请我为该校校长。在英国历史上，诺丁汉大学这样的皇家特许学校的校长大多由皇室和有爵位的人才能担任。他们能打破传统，选一位国际校长是需要勇气的。这也是英国高校首次选举一位中国公民担任第一要职。

英国人把我树得很高，在新闻发布会上说，"因为他是一位杰出的院士，在他的领域享有国际声誉，并有在许多国家工作的经验。他曾是中国著名的复旦大学校长……"我绝对不是中国最优秀的校长，也不是最优秀的科学家，比我强的人多的是。有一点，就是英国人对我有一定的认识和理解，如此而已。这也是国家改革开放后的大好形势给我创造的机会，我国国际地位日益提高的结果。

每当我站在主席台，穿上英国诺丁汉大学校长的金色袍服，戴上了唯一一顶金边帽，面前放着王室赋予的权杖，看着五星红旗从美丽的诺丁汉大学校园升起，我的心情非常激动。一位当地老华侨流着泪对我讲，最初来英国时，他们不是被称为"华人"，而是被称为"清人"。

讲真话得到重视

英国诺丁汉大学的那段经历让我大开眼界，其中最核心的是对人的尊重。一种"把学生放在第一位"的体制。

英国的大学校长都亲自给毕业生颁发学位证书。诺丁汉大学暑假里共有 16 场毕业典礼，我作为校长，这个活动绝对不能请假。每个同学都要上台领他的文凭，因为这对他来说一生就这一次。想起以前在复旦时，嫌上台发麻烦，都是一位学生代表来把学位证书成捆地领回去，再一一分给大家就完事。但在英国真的是一个一个地发。如何把学生放在第一位，这是最深刻的体会。

2004 年 8 月，我在美国《纽约时报》上看到了一篇触目惊心的文章：中国四川一所农村高中的学生郑清明因家里贫穷拖欠学校 600 元学费而不允许他参加高考，他在深深的绝望和悲哀中卧轨自杀。初闻这个骇人的悲剧时，我正在英国诺丁汉的美丽校园里，是在外国同行面前读到这则消息的。作为一个曾经当过中国大学校长的中国人，无地自容啊！

不久，又有一则消息令我震惊：一名叫张溪的女孩，以 615 分考入中央民族大学，本应高兴的事，母女俩却因筹不到 8000 元学费抱头痛哭。女儿得知母亲准备悄悄卖肾后哭着说："妈妈，我不上大学了……"我扪心自问，我们的教育是哪里出了问题？

几个月后，我从英国回到国内，看到的是大学校园一个比一个大，大楼一幢比一幢高，大学城一座比一座宏伟，争创世界一流大学就是靠盖标志性的大楼吗？想想因贫困上不起学的清贫学子，我如鲠在喉，于是写下了一篇题为《我对高等教育发展中若干现象的迷惑》的文章。文中我直截了当地说："当很多贫困学生接到入学通知书，却因付不起学费无法报到时，我们有什么理由要超大规模地扩建校园，建造豪华的'标志性'大楼？"

"大、豪华"与"一流"并无关系！对优秀的贫困学生关怀与否，实现教育公平倒是评估一流院校的一个因素。曾名列美国大学第一的普林斯顿大学近六分之一的学生申请到奖学金；家庭年收入在 6 万美元以下的学生申请，全部被批准。我看过很多世界顶尖名牌大学的校园，美国的哈佛、耶鲁、普林斯顿、麻省理工、加州理工学院，校园里都没有值得称道的大楼，英国的牛津、剑桥处处是古老陈旧的建筑。在世界大学排名的各项指标中，既没有校园面积或校内建筑面积这类项目，也没有院系设置的"大而全"或研究生与本科生的比例之类。我们把天文数字般的巨资浪费在圈地、建摩天大楼、造容得下 26 座北大的大学城，是南辕北辙、适得其反，很可能把我们追赶世界一流的宝贵时机给耽误了。

我知道这篇文章会得罪一些人，但我想讲真话。这是出于一个人的责任感。我后来又写了《大楼、大师与大爱》。大爱应该包括两个层面：就国家和社会而言，应该建立一种帮助所有考上大学的贫寒子弟上得起学的机制，而不再有郑清明式的悲剧；就高等教育的主体——大学而言，应彻头彻尾地体现"以学生为中心""人无全才，人人有才"，关键是怎么去发现这个"才"。

出乎意料的是，我的文章得到了四面八方的回应。中央对这些问题的重视也出乎我的意料，让我受到极大鼓舞。

博雅教育的实践

在去英国之前，我已经去了 60 多次美国。到英国后，很自然地就思考比较美英教育的异同。美国教育是从英国引过来的：英国人坐"五月花"船来到新大陆，首先做了 3 件事：办学校、造教堂、建邮局。哈佛大学由此而生。然而美国的高等教育青出于蓝而胜于蓝。他们用 6+2+2 模式取代英国的 7+3 模式。7 就是 7 年通识教育，美国很多研究型大学认为 7 年通识教育还不够，改为 6 年中学、进大学 2 年不分专业，后 2 年也很淡化。所谓通识教育，实际上应该是博雅教育。"博雅"的翻译更体现出其内涵与文笔的优美。"博"为广博的知识，"雅"为优秀的个人素养。

在我理解了"博雅教育"的要素后，英美的差异也不像我最初想象的那么巨大。我归纳了他们的共同点：即博雅教育的五要素：一是博：文理融合，学科交叉，在广博的基础上求深度；博学多闻，博古通今。二是雅：做人第一，修业第二；君子以厚德载物，明大德、守公德、严私德。三是以学生为中心。四是鼓励质疑，以小班课为主的第一课堂得到充分体现。李政道先生讲过一句话，学问，学问，是学习问问题，不是把学习当问题。复旦的校训"博学而笃志，切问而近思"，所有的发明都是问问题问出来的。五是丰富的第二课堂。为数众多的学生社团、社会实践和学生参与的科研项目，在学习生涯中占有非常重要的地位；知行合一。前两个是目的，后三个是措施。

在教育国际化的大趋势下，我见得越多，体会越深，学生的头脑不是一个要被填满的容器，而是一只要被点燃的火把，优秀的教育必须营造一个有利于创新思维发展的环境。我一直有个梦想，就是让学生们不出国门在国内享受"中西合璧"的英式教育。

2003 年 3 月，教育部颁布了《中外合作办学条例》。宁波万里教育集团董事长徐亚芬找到我，希望和英国合作在宁波办一所诺丁汉大学。这个想法与我不谋而合，我思考后说了三句话。第一句："这个事情我无权决定，要校务委员会讨论，但是我可以说，可能性很大。"第二句："非营利，求平衡，追求卓越。"第三句："我可以保证，我们办学不会拿一分钱到英国去。"这是对祖国、对家乡的一个承诺。

仅仅经过 20 个月的筹办，中国第一所具有独立法人资格、拥有独立校区的中外合作大学诞生。当宁波与英方签约几个月后，英方宣布，在 3 年内对该校进行资金扶持。宁波诺丁汉大学应该说在中国教育史上有它的位置，它的做法完全与中国普通大学不一样，但是效果好不好呢？看学生。每年我都收到报表，最近这两年收到的报表太好了。好在哪里？进来的同学好，不仅仅是分数，而且都是从一些有名的高中考来的；出去的学生好，毕业的学生或进世界名校，或进世界最有名的企业，所以好不好看学生。实践证明，宁波诺丁汉正在逐渐得到认可，现在想考这所大学也越来越难了。样板的作用真的会胜过一打纲领。我们的学生应该成为一个桥梁，连接中国与世界的桥梁，我们要吸收英国的精华、世界的精华、中国的精华，更要弘扬中华的传统美德。

我在英国诺丁汉和宁波诺丁汉分别设立了"梦想基金"，目的是帮助能进这两座大学就读的中国贫寒子弟实现大学梦，进而去追求更伟大的梦想。中国梦，首先是中国教育梦。在这个梦里，各类学校以培养合格公民为首任，为培养"三百六十行，行行出状元"而尽心尽力；在这个梦里，既有大楼，更有大师，还充满着大爱；在这个梦里，育人为先，学生为中心，师生互动，敢于争辩，"我爱我师，我更爱真理"；在这个梦里，研究大楼夜夜灯火辉煌，年轻研究生在一流导师指导下日夜奋斗，探索未知；在这个梦里，没有浮躁与功利，学者们可能花几年甚至几十年时间为攻克世界难题而默默无闻地艰苦拼搏；在这个梦里，毕业后的学生能深刻体会到"几年的学校生活改变了我的一生"，他们脚踏实地，努力工作，回报社会。

大学是群英汇集的殿堂，来自世界各地的学子相聚在知识的宝库里，在大学精神弥漫的氛围中，自由探索，百花齐放，宽容厚爱，追求真理，付之实际，实现梦想。

我对土地批租的建言

杨小佛口述　朱玖琳撰写

| 口述人简介 |

杨小佛　男，1915年生，上海市人民政府参事。父亲是中国民权保障同盟的执委和总干事杨杏佛，母亲是赵志道女士。辛亥革命时陪同其母跟随宋庆龄夫人致力于中国的稳定与和平，促进中共的发展与壮大。杨小佛先后担任全国政协委员、民革上海市委常委等职务。任职上海市政府参事期间围绕上海的稳定和发展参政议政，每一条建议都以"直通车"的方式，送到了市领导乃至中央领导的案头。

| 作者简介 |

朱玖琳　上海宋庆龄研究会副秘书长，民革上海市委理论委委员，上海市孙中山宋庆龄文物管理委员会业务处副处长。

我于 1982 年和 1987 年先后被邀为第六届上海市政协委员和第七届全国政协委员。1992 年 3 月，我在全国政协七届五次会议上，提交了"建议土地批租应掌握先郊区、后市区，先边缘、后中心以及城市土地不宜成片批出"的原则案。

从 20 世纪 80 年代后期开始，全国以土地批租吸引海内外投资成一时之热，广州、珠海、上海、厦门、北京、西安等地为了改造旧区和建设城市，不断将市区土地分块或成片批租给外资或合资发展商。土地批租的热潮中暴露出不少问题：有的地方批租土地没有规划，造成国有资产的流失和浪费；有的地方审批不严格，不合法律的权限下放现象十分普遍；在土地批租的过程中，没有配套的基准地价标准和地价评估标准，批租价格很不科学。有些投资商就利用这一情况，用各种各样人为的方法故意压低地价，造成国家的损失。

作为一名老上海，我从旧上海的经验中看到了新上海的隐患。上海自开埠之后，地价一直随着经济发展而上涨。早期购地的沙逊、哈同等不久成为拥资亿万元的地皮大王，而当年出售地产的上海本地人却已无立锥之地，这是他们缺乏级差地租和土地增值概念导致的。

我在研究香港经济发展的过程中发现，香港的经验完全可以借鉴过来。香港的土地批租相当保守，英国人占领香港时，香港土地大部分是中国人的土地，英国人便向中国人买土地，同时将无主土地，比如香港对面的新界用来做大学等。港英政府很会控制土地，拿着一小块土地批租，放出去收回来再放出去。繁华地段政府批租钱就要得多；交通不便的地方则相对便宜些。

所以我建议土地批租应该参照香港经验，掌握先郊区、后市区，先边缘、后中心以及城市土地不宜成片批出的原则，把中心地块都保留着，不要一下子都批出去，到时候地价上涨了而我们自己的地却没了。

我的提案在 1992 年提出后，一时间颇具轰动效应，家里的电话都快被打爆了，人们纷纷表示称赞，说此提案有望保住我们的土地。但是，这里的环境和香港不一样，我的提案并没有起到我所想要的效果。

"按揭"这个词如今已是路人皆知，但是在 1996 年之前，我们上海经济学家向上海市领导提出《关于拓展上海房地产融资市场的建议》时，这个词对内地民众而言是完全陌生的。

1987 年 12 月，我从时任市长江泽民手中接过了上海市人民政府参事的聘书。那时社科院已经准备要为我办理退休手续了，结果我接到通知说我不必退休了，因为做参事是可以终身不退休的。不过我们大家都不知道的是，我这一批的 6 名参事是上海最后一批终身参事。1988 年，国务院发出通知，参事由终身制改为了聘任制。

参事实际上是市政府的"幕僚"，在享受待遇的时候，我们更多地要承担起为市领导出谋划策的义务，因此我立足于自己的研究领域，尽量为上海市领导做好"幕僚"的工作。

1996 年，房地产市场如何尽快走出低迷的状态成为当时之急。结合自己对香港的研究，我认为按揭可治此"症"，便建议参事室组团前往香港考察。1996 年 9 月，我们参事室一行人在香港与当地的金融、房地产等部门进行了充分的接触。在考察期间，我们有人问港方，按揭买房欠钱不还怎么办？香港人说不会的，他要是缺钱，首先想的便是如何要钱，以前付的贷款他得拿回来，他就要把房子卖出去，而接下来的银行贷款将继续由接盘买方者承担，赖着不走是要继续付按揭的钱的。我们回沪后经集体讨论成文，向上海市领导提交了《关于拓展上海房地产融资市场的建议》，主张大力开办银行个人购房抵押贷款的"按揭"业务。有关部门立即就此作专题调研，银行按揭迅速出台，住房消费市场随之启动。

但是银行按揭也是有隐患的。美国那个时候有两个房地产委员会发现了问题，那就是按揭会把银行资金耗尽，导致银行破产。必须为银行提供渠道，让银行可以应付流动资金需求以及解决按揭贷款组合所引起的信贷风险。于是，美国建立了按揭证券公司，专门从事购买商业银行房地产按揭贷款，并通过发行按揭证券募集资金。后来香港也学习美国经验，建立起按揭证券公司。我对香港比较熟悉，有关按揭证券公司的一整套材料我迅速要到了手。虽然我们目前还没到这个程度，银行还没有受到影响，但是未来趋势也不是没有可能，于是 1997 年 10 月我又提交了《完善我国房地产金融机制，促进住房开发的良性循环》一文，建议让这项资金流动起来，"以贷转债"，缓解银行压力。这一建议得到了时任总理朱镕基的关注，他批给建设部操办此事，而建设部又将此事批给了国务院参事室操办。最后审查国务院参事的提议时，我也是审查者之一。这一提议最终并未付诸实施，因为在当时，我们的国家银行资金雄厚，完全有能力应对目前的按揭贷款。

海外游子的中国心

瞿世镜口述　吴睿娜撰写

| 口述人简介 |

　　瞿世镜　男，1936 年生，上海人。民革成员。曾任上海市政府参事。上海社科院终身教授。1968 年毕业于复旦大学外文系。上海社科院文学所研究员。上海社科院英国文学研究中心主任。上海市第七届政协委员，全国第八、九、十届政协委员。国务院特殊贡献专家津贴。1991 年获全国优秀外国文学图书奖和上海市文学艺术奖。1981 年开始发表作品。2008 年获上海社科院建院 50 周年学术贡献奖。

【编者按】在全国文史研究馆系统发起的改革开放 40 年史料征集活动中，原上海市政府参事瞿世镜一家五代都曾留学海外的经历引起了我们的关注。瞿参事曾任上海社科院文学研究所英国文学中心主任，并获得英国剑桥国际传记研究中心有贡献人士奖章、美国传记研究院金质荣誉奖章。然而，作为政协委员和参事，他的工作不仅仅是研究英国文学，也更多地关注国家与民族的命运。他用亲身经历讲述了坚持改革开放 40 年的不易，一路走来并非是一帆风顺，感慨良多。

海外游子的中国心

1978 年 12 月，十一届三中全会后，海外华人回国的逐渐多起来。1979 年，王安与大叔瞿承瑞访问中国，巧的是，大叔居然在北京碰到了二叔。两个人都互问"你来干啥？"他们的答案不约而同：推动中国的电脑事业。

我的大叔瞿承瑞 16 岁即赴美留学，获哈佛大学文学硕士。毕业后，加盟王安电脑公司，成为王安的得力助手，长期担任王安电脑公司副总裁。二叔瞿承业在美国霍尼韦尔公司任副总裁，主管亚洲地区业务。

王安电脑公司与上海市政府合作，由大叔负责操办，在闵行区老沪闵路建厂。20世纪80年代，大叔多次来沪落实工厂的建设和营运。

1986年，邓小平同志接见了王安与大叔瞿承瑞，还一起打了桥牌。两位IT专家说，中国一定要赶上信息化的浪潮，"人类从农业文明走向工业文明，中国落伍了，造成鸦片战争之后被动挨打局面。如今从工业文明走向信息文明，中国绝不能再次落伍"。

二叔则受当时的四机部小型计算机协会邀请，赴京参加学术交流。这是他18岁赴美之后第一次返回祖国。在北京饭店，二叔向时任四机部部长的江泽民和时任电子工业部副部长的李锐介绍各种型号计算机。

不久，江泽民到美国考察，二叔派霍尼韦尔公司的飞机接他，全程陪同。先是到通用电气公司访问一周，又到霍尼韦尔公司访问一周。其间，他向江泽民详细介绍了美国电子信息工业发展的情况，也谈了家庭情况和华侨在美国的生活。

四机部对于霍尼韦尔与日本电气签订的技术转让协议非常有兴趣，也想照此签订一个技术转让协议。双方进行了长时间的磋商谈判。后因霍尼韦尔公司推荐大型机，而四机部感兴趣的是小型机，协议没有签成。

不过，二叔认为，中国高教系统培养自己的计算机骨干人才队伍比引进技术更为重要。因此，他代表霍尼韦尔公司与中国教委签订了援助中国重点大学计算机教育中心的协议，推动各大学开设计算机专业，培养骨干技术人才。

霍尼韦尔公司协助 24 所中国重点大学建立了计算机教育中心。第一批 8 所大学都用了 H-800 大型机，其中包括北京大学、清华大学、上海交大、中国科大、中国人大等。由二叔牵线搭桥，这 24 所大学的计算机教育中心项目还获得了世界银行的低息贷款支持。

1979 年至 1985 年，这个项目从谈判到售后服务都由二叔负责，他从东京到北京乘飞机来回五六十次，圆满完成任务。他认为，这是他这辈子开拓的业务中最值得纪念的。

三叔承武比我还小一岁，我们是正志小学的同学，儿时常一起玩。他是哈佛大学学士，后在美利坚大学获博士学位，曾任美国交通部长助理。1978 年夏，三叔曾与叔祖母陈淑美回沪探亲，当时虽住在国际饭店高级宾馆亦无空调，在此高温季节，叔祖母中暑了，不得不提前返回美国。

回顾叔公一家的经历，我不胜感慨。中国在这次全球信息技术浪潮，包括现在的 AI 发展中没有脱节。这其中，海外华人也曾作出了不少贡献。他们没有忘记这片国土。两位叔叔用他们各自的方式，共同追寻民族复兴的强国之梦。但他们都是美国籍，没有办法回来，只能在异乡生活。

中央发来感谢电

我的父亲曾担任第一、第二届上海市人大代表，第三、第四、第五届上海市政协委员。1987 年年初，他已 79 岁高龄，恳请统战部在当年换届时让他退隐，颐养天年。后来，统战部安排我担任第七届上海市卢湾区政协常委。没想到，到政协后居然成为我人生的一大转折点。

1987 年春寒料峭，我赴京参加外国文学研讨会。刚开始打开国门，党内对改革开放是有不同声音的。一场"反精神污染"风暴即将来临。

首先批判的是法国文学专家柳鸣九。有人甚至说："研究西方就是资产阶级自由化，作为一名共产党员，不去研究马列主义，而去研究存在主义，是什么立场？"来自全国各地的学者们各个愁眉苦脸，学术会议开得冷冷清清，人人自危。我是研究英国文学和"意识流"的，对于这样的会议气氛，不禁惊出一身冷汗。

一回到上海，区政协副秘书长龚德庆来看我。他问我北京有什么消息？我站起来，关上门窗说："今天这房间就我们两个人，没有第三个人。可否请你帮我向中共中央汇报重大情况？"他说，试试看。

我站起来，举起右手握拳说："我是中华人民共和国公民瞿世镜，向邓小平同志、中共中央政治局常委紧急呼吁，中国万万不能再搞政治运动，必须以经济为中心搞四个现代化，坚持改革开放，坚持四项基本原则，把中国经济搞上去！我们再搞阶级斗争，亡国、亡党、亡军！"

龚德庆说，回去想想办法。几星期后，我去区政协开常委会，区政协主席方克冲着我笑。他把我拉到一边说："告诉你个好消息，中共上海市委来电表扬了卢湾区政协，并说中共中央来电，感谢中共上海市委及时反映重大信息，问题已得到妥善解决。"

原来，龚德庆回去汇报后，区政协马上写了简报，报送上海市委。时任上海市委书记芮杏文考虑到事关重大，立即派信使搭乘当天的飞机，进京直接向党中央汇报。

十一届三中全会拨乱反正，由"以阶级斗争为纲"转向"以经济建设为中心"。这条正确路线，得到全党、全军和全国人民衷心拥护。但仍有少数同志念念不忘阶级斗争，迷恋政治运动，极左路线或有可能死灰复燃。在此关键时刻，邓小平同志果断决策，把住了改革开放大方向。

这个出乎意料的结果，让我深深体会到身上的责任和使命。我必须调整知识结构，转换角色心态。于是我开始认真学习邓小平理论和党中央的路线、方针、政策；分析对比每年更新的世界银行《世界发展指标》、联合国开发计划署《人类发展报告》、联合国教科文组织《世界文化报告》，深入了解世界各国现代化过程的历史与现状。

有一本书使我受益匪浅，那就是亨廷顿的《变化社会中的政治秩序》。亨氏指出，发展中国家现代化过程与西方发达国家不同，大量社会变革和利益矛盾在较短时期高度集中，不易确立稳定的社会政治秩序。据亨氏调研，发展中国家在社会转型过程中，23 个一党制国家，不稳定者为 0；26 个多党制国家，不稳定者居半。多党竞争的西方民主模式，未必适合于发展中国家。不同政府的差别，不在于外表形式，而在于统治是否有效，社会是否稳定。此书资料翔实，论证严密，使我茅塞顿开。

我觉得中国一党执政多党参政的多党合作、政治协商、统一战线模式，是一种中国特色社会主义民主政治格局，它能够满足中国社会转型过程中的政治制度化要求，可以保障中国现代化发展过程的和谐稳定。

三封急信直达党中央

为了监测中国现代化发展过程中社会稳定程度，我设计了一个独特的理论分析框架——"十字形分析框架"。这个分析框架以社会利益协调为横坐标，以价值观念整合为纵坐标，而执政党协调社会利益、整合价值观念的能力居于十字形框架的核心地位。从横向来看，现代化过程伴随着利益关系调整。

由于各人获得利益不同，任何改革措施不可能使人人都感到满意。如果各社会群体不满情绪集中到共同焦点，政治能量高度集中，就容易触发社会震荡。我使用自己的"十字形分析框架"对社会稳定程度严密监测。1988年岁尾，我发觉横向、纵向、核心三个系统都亮起了红灯。

1989年1月底，我要担任英国学术院客座教授出访半年。我估计半年之内极有可能出现社会动荡，就写了一份内参，拜访民革上海主委徐以坊先生，希望民革通过适当渠道提醒中共中央注意。

徐先生听后很不高兴："瞿世镜，你是不是英文太好了，每天晚上偷听美国之音？"我说，这是我用"十字形分析框架"预测分析作出的判断。他说："你这是聪明过度，杞人忧天。这个话题到此为止！"

我碰了一鼻子灰，就去拜访民革副主委陆玉贻先生。他也说："请你不要再说了，这种话是不能乱说的。你再说，英国就去不成了！"机票早已预订，我无可奈何，怀着忐忑不安的心情，启程赴英。

6月初，BBC、ABC、NHK等各大电视台，以及各大报纸的头条标题，都认为中国高层领导班子将要发生变动。并预测，中国新的高层领导很可能放弃"以经济建设为中心"而退回到"以阶级斗争为纲"的老路，甚至断言中国将面临经济崩溃，外资势必纷纷撤走……

看到这个信息，我心急如焚。我当时在利兹，便马上停止了学术访问，请假回到伦敦。我到邮局询问，到北京的航空邮件是否畅通，邮局明确答复：飞机照飞，机票一张都卖不出去，唯一的旅客是邮包。我于是接连写了三封急信，请中央统战部副部长宋堃和统战部党派局局长马隆同志转呈邓小平同志和党中央。

第一封信谈政治路线：十一届三中全会以来正确路线应该保持长期不变；干部是为路线服务的，新选拔的中央最高领导人，必须是既坚持四项基本原则，又坚持改革开放，并且在经济工作中作出实绩而被世人所公认的；只有保证路线不变才能稳住大局。

第二封信指出，中国投资规模与 GDP 增速，劳动岗位增长，环境资源代价不匹配、不协调。建议调整发展模式，关注增长的可持续性。

第三封信指出，经济建设与文化教育一手硬、一手软。建议执政党提出与经济发展相匹配的社会主义核心价值观。

7 月，我在英国接到中共中央统战部马隆同志的复函。1990 年我回国，上海市委统战部毛经权部长打电话约我叙谈。他说："你是位好同志，在紧要关头向中央提出政策建议。你的三封信，宋堃同志都呈送了小平同志。小平和几位老同志都看了，中央书记处各位领导亦均传阅，他们都认同你的意见。"

一杯牛奶的"奶皮"

1989 年我在英国讲学和交流期间，美国斯坦福大学邀请我过去讲学。我在英国申请了美国签证很快被批准。到了美国，移民局一看我的信息，让我等一等，他上去汇报。我以为他让我回国，结果这个人下来笑嘻嘻地说："您为什么就申请 3 个月？"我说就到斯坦福做两个报告，再和三个叔叔聚一下。他说："你在英国访问了6 所大学，美国的大学比英国的更好，您多访问几所美国大学吧。"我说不用，3 个月就回去。他却马上写了 6 个月，并且说这是活的，只要我愿意，不论在美国哪个城市，看到这个签证，都会给我延期。

和三个叔叔见面后，我就问签证官这么做是什么意思。大叔说，美国人很精明。此前的匈牙利事件，美国捞了很多科学家，这次中国的事件，他们又想"捞人"了。美国人很清楚，打工的他们不要，科学家学者，他们抢着要。

二叔、三叔说："我们已经商量好了，这次不是给你办绿卡，直接办公民身份。"我说要回去。

叔叔问："为什么回去？说老实话，你是不是共产党员？"我说不是。他们说："你如果信仰马克思主义，我们尊重你的信仰，同意你回去。你又没这个信仰，为什么不留在美国？"

我反问："为什么让我留在美国？"他们说："中国发展很快，但再过 30 年，中国发展到较高水平，还是远远赶不上美国。为了你的孩子，留下。政治运动，你哥哥挨上了，你爸爸挨上了，你爸爸走资派，你哥哥右派，你中学毕业就挨棍子，我们这里不是更好？房子更大，待遇更好，更平安。"

当时，我们在吃早饭。我面前有一杯牛奶，在我们聊天过程中，牛奶结了一层奶皮，我用筷子把奶皮挑了，一会儿又结了一层，又挑了。我就说："叔叔，中国十多亿人口，我们不缺人，但是我们缺人才，像这杯牛奶，结了一层奶皮，挑了，再结一层，又挑了，现在不可能再有奶皮了，这杯牛奶就是脱脂奶！"

我说："你们三个这么好，都是美国公民，你让我也来做美国公民，中国的这杯奶怎么喝？美国多得是人才，我们瞿家已经把你们送给美国了。我回去做中国人，你们在这里做美国人，我们还是瞿家，你们行行好，让我回去吧。"

二叔说："老三，他说这话了，让他回吧。"三叔不同意，说："你干嘛？我们律师都请好了，律师费都付了。"

其实，三个叔叔早就帮我做了决定。但我脑子很清楚，我从小写的是中文，讲的是中文，读的是中国书，中华文化一脉相承。瞿氏家族在美国开枝散叶，三个叔叔的下一代都与白人通婚，他们的后代都是混血了。

1990 年，我如期回国了。

2013 年，我陪同二叔、三叔率领瞿家第三、第四代到常熟虞山祭拜祖先瞿式耜（明末抗清民族英雄、诗人。死后，满清政府称赞其是忠臣。陵墓及祖宅均为文物保护单位，其事迹已写入家谱。）第四代二三十人齐刷刷跪在祖先坟前叩首，其中不乏白皮肤、高鼻梁、蓝眼睛的瞿氏后裔。我的祖父瞿直甫一脉留在中国，第四代只有我女儿嘉恩一支独苗。我认了。我坚信，只要中国坚持以经济建设为中心，坚持改革开放，中国定能繁荣富强。中国的知识分子也定能为国所重，为国所用，大有用武之地。

从深圳经济特区到粤港澳大湾区

王京生等

| 座谈嘉宾简介 |

王京生　男，1955 年生，江苏沭阳人，中共党员，国务院参事。国家文化艺术智库特聘专家，北京大学、深圳大学等高校客座教授、博士后合作导师。2013 年被联合国教科文组织授予"孔子奖章"，以表彰其多年来在文化多样性和文化流动理论方面的研究，以及推动全民阅读、建设设计之都，实现城市文化跨越发展中所作出的卓越贡献。出版有《什么驱动创新》《我们需要什么样的文化繁荣》《文化是流动的》《文化主权论》《观念的力量》等 10 多部专著。主编有《深圳十大观念》《文化立市论》等。

葛剑雄　男，1945 年生，浙江绍兴人，民革党员，中央文史研究馆馆员。复旦大学资深教授、中国历史地理研究所博士生导师。第十一、十二届全国政协常委。从事历史地理学、历史学领域研究。

曹二宝 男，1954年生，江西人，中共党员，曾任国务院参事室特约研究员，中央人民政府驻香港特别行政区联络办公室研究部部长。因公常驻香港30年。在任国务院参事室特约研究员期间，主持香港参与"一带一路"建设和助力"一带一路"建设两个课题组，参加粤港澳大湾区建设课题调研。

王世巍 男，1960年生，吉林梨树人。现任深圳市人民政府发展研究中心党组成员、巡视员。

【编者按】深圳已经成为改革开放 40 年成就的一个刻度和缩影。从 1980 年全国人大常委会颁布《广东省经济特区条例》，深圳经济特区正式成立，到 2017 年国务院政府工作报告中李克强总理提出，要推动内地与港澳深化合作，研究制定粤港澳大湾区城市群发展规划。

回顾历史，砥砺前行。过去 40 年，深圳特区积累了很多宝贵经验；同时，处在历史新起点上，粤港澳大湾区的发展也备受瞩目。

深圳为什么要搞特区？

《国是咨询》记者：作为中国改革开放的总设计师邓小平亲自倡导设立的中国第一个经济特区，深圳一直被看作是中国改革开放的窗口。"三天建一层楼"的深圳速度闻名世界，奇迹背后有怎样的政策支持，决策过程又有哪些启示？

曹二宝：大家都知道，38 年前即 1980 年，中央决定在深圳建立我国首个经济特区，但有多少人知道，当时深圳是新中国成立以来最大"逃港潮"的集中地？有文件记载的"逃港潮"共四次：

1957年、1962年、1972年、1976—1980年。第四次"逃港潮"在党的十一届三中全会后达到高峰，规模和持续时间都是之最。其中宝安县1962年"逃港"12144人，1978年17456人。时任县委书记认为，这个数字远非实情，有个数字可能更真实：宝安县30万人，香港宝安籍人近30万！

不同于历次"逃港"主体是受政治因素牵连的人或困难群众和知青，这次有很多党团员和基层干部。如深圳全市干部"逃港"557人，"逃"出183人；市直机关40名副科级以上干部子女"逃"出56人。紧邻宝安县的惠阳县，有一个大队560多名村民，112人"逃港"成功，支部6名委员除妇女委员外，5人都"逃"去香港。

当时，"逃港"者分三段跑向香港：东段大鹏湾，渡船过去；中段梧桐山、沙头角一带罗湖河畔，"拆网""钻网"过去；西段深圳湾，泅渡过去，这边是深圳南山的蛇口，对岸是香港新界的元朗。时任广州军区副司令员回忆，他接到命令带部队到深圳一看："逃港"人群像潮水一般。他判断，内地边防几乎无能为力，若武装拦阻，形成大规模群体性事件更不好处置。

香港方面也全力堵截，港英军警4000人陆海空24小时立体巡逻，飞机7架、军舰2艘。港英当局改变过去长期实行的变相接收"逃港"者的"抵垒"政策（非法入境只要跑过九龙的"界限街"，港英就发居港证），而改行"即捕即解"（抓着就遣返深圳）。

1977年11月，我国改革开放总设计师邓小平同志由叶剑英同志陪同到了广东，省领导汇报了当时的"逃港"人数：194274人。时任省主要领导说："老百姓有个说法：生活太苦，河那边经济发达，两地差距太大了，所以很难留住人。加派了部队也没解决问题。"两边生活差距大到什么程度？宝安县农民劳动一日收入0.70元到1.20元，香港农民劳动一日收入60港币至70港币，差距近 100 倍。小平同志一边抽烟一边静静地听着，然后讲了三句话："'逃港'主要是生活不好，差距太大。这是我们的政策有问题，不是部队管得了的。生产生活搞好了，才可以解决'逃港'问题。"

1978 年 4 月，习仲勋同志担任广东省主要领导，上任伊始，他就说"哪儿最乱就去哪儿"。时任宝安县委书记请他参加了专为"逃港"最严重的公社和支部 200 多名书记办的读书班。

习仲勋同志对学员说："你们给我说实话，'逃港'到底有没有办法治呀？"一位自称"三代贫农、土改根子、二十年党龄、年年超产完成征购任务"的大队支书，跟他顶起了嘴："我看不要治，让老百姓自由去不就行了，抓人做什么呀？我对你讲真话：咱们共产党政策要还这样下去，还不改，人都会跑光啦！"

习仲勋同志没再说话，他在离开宝安县时对县委书记说："香港九龙那边很繁荣，我们这边就冷冷清清，很荒凉。你要下决心改变这个面貌。这些人是外流嘛，是人民内部矛盾，不是敌我矛盾。经济搞好了，'逃'过去的人又会跑回到我们这边来。"

习仲勋同志对"逃港潮"的看法和应对，与小平同志不谋而合！他提议恢复 1962 年的"三个五"政策，即：农民一个月可去香港 5 次，每次可带回 5 块钱和 5 斤重的物品。

1979 年 2 月，宝安县委常委扩大会议提出了利用香港搞活经济，专搞加工、补偿贸易等政策建议。同年 3 月，广东省委批准宝安县委提出的在 14 个公社（范围相当于后来的经济特区）实行比"三个五"更宽的政策，俗称"13 条"。同时请示中央批准，宝安县改为深圳市，由广东省和惠阳地区双重领导。"13 条"政策一出台，深圳沸腾了！全市很快掀起面向香港，抓活经济的热潮。大量蔬菜、鱼鲜运往香港。当年"逃港"的人回来了，因为家乡务农比香港打工挣得多。情况上报到习仲勋同志那里，他高兴地说："经济上来了，老百姓的热情上来了！"

1979 年 4 月，习仲勋同志参加中央工作会议，提出了让广东先行一步，划出一些地方搞特殊政策，办出口加工区。他还专门向邓小平同志汇报了这些想法。小平同志对这位延安时期的陕甘宁特区政府主席说："就叫特区嘛，陕甘宁就是特区！中央没有钱，可以给政策，你们自己去搞。杀出一条血路来！"

重温中央当年处理"逃港潮"与创建经济特区同步推进的决策部署，对今天我们面对发生了非法"占中"和"港独"的香港，如何理解和落实习近平总书记的重要指示和中央有关决策部署，可能会有一点启示。1980 年 8 月，全国人大常委会通过《广东省经济特区条例》。据时任深圳市委书记后来回忆，该《条例》通过之后几天，"成千上万藏在梧桐山的大石后、树林中准备外逃的人群完全消失了！"

王世巍："三天建一层楼"的深圳速度，指的是国贸大厦建设。深圳国贸大厦是我国最早实行招标的建筑工程，施工中彻底打破"大锅饭"制度，实行计件工资。"奖金不封顶，大楼快封顶。"建筑工人们的积极性被充分调动，最高的能拿 600 多元。结果，主楼封顶比预期整整提前 1 个月。奇迹背后，可以说有政策支持，又没有政策支持。说有支持，就是中央允许深圳搞改革，支持深圳大胆地闯、大胆地试。说没有支持，就是如何进行改革、改什么等等，没有具体政策规定。

文化是驱动创新的力量

《国是咨询》记者：党的十九大报告也明确指出，我国经济已由高速增长阶段转向高质量发展阶段。2010 年，深圳提出打造"深圳质量"。这 40 年的发展，深圳从速度向质量转变的历程中，出台了哪些举措？这些措施取得了哪些成绩和教训？深圳的发展经验又给了我们哪些宝贵的精神与理论财富？

王京生：早在 2011 年，时任深圳市长许勤提出"深圳质量"的口号。他认为深圳保持高速发展时间虽长，但整个城市还显浮躁，只要速度不要质量是行不通的。深圳是如何实现从低质量到高质量的蜕变，其中思路值得全国借鉴。首先，要从标准抓起。这个标准既包括行政标准，也包括经济标准，还有各类产品的标准以及社会发展的标准。其次，质量要落地，计划是抓手。深圳制定了《关于创造深圳质量的行动计划》和《质量强市工作方案》，实施《环境质量提升行动计划》《公共交通服务质量提升计划》等系列专项行动计划，明确打造深圳质量的"任务清单"，推动质量建设加速落地。再次，为突出标准计划的严肃性和权威性，还要将其上升为法律。专门出台了《深圳市人民代表大会常务委员会关于加强深圳经济特区标准建设若干问题的决定》《深圳经济特区质量条例》等，使质量提升有法可依。为保证标准和行动计划的完全落地，还制定《深圳质量评价考核指标体系》，强化质量工作考核。深圳在抓质量方面应该说也是由理念上升为战略，由虚向实的过程。我们在国际竞争中，中国产品质量必须要上去，否则贸易世界第一、经济总量世界第二的大国无从谈起。人家尊重你不是因为你经济总量多大，归根结底还是看你产品的质量，质量不行还是没有尊严。中国历史上开辟的丝绸之路，为什么受到世界的重视和欢迎？就是因为我们的瓷器、丝绸等产品质量过硬，是四大发明的先进，它们的精美和先进赢得了世界的尊重。说到底大部分人是因为产品，而不是因为读四书五经才叹服中国的魅力。看似是一个产品，实际上它的质量隐含着人的素质；看似是对一个产品的评价，实际上是对一个国家及其国民的评价。所以我就讲：一国产品之质量，乃一国国民之素质；一国产品之信誉，乃一国国民之尊严。

王世巍：深圳的成功之处首先体现在观念创新上，在深圳这片热土上，诞生了很多开风气之先并影响全国的观念，深圳的十大观念就是观念创新的集中体现。

王京生：谈到精神财富，确实不得不提深圳十大观念。最后选出来的十大观念都耳熟能详，有"时间就是金钱，效率就是生命"，也有"空谈误国，实干兴邦""敢为天下先""改革创新是深圳的根、深圳的魂"，还有"让城市因热爱读书而受人尊重""鼓励创新，宽容失败""实现市民文化权利""送人玫瑰，手有余香""深圳，与世界没有距离"，第十个后来叫得最响——"来了就是深圳人"。

这十大观念说明了几个问题。第一，城市发展说到底，文化是核心，是最能够推动社会进步的要素之一。改革开放以来的城市发展经过拼经济、拼管理的阶段，最终要走向世界，必须拼文化，只有文化上站位高，才能立得住。深圳是全国最早提出文化立市战略的城市，作为联合国教科文组织 2013 年授予的"全球全民阅读典范城市"，图书馆之城、全民阅读也正在成为这座城市的重要标签。

第二，观念引领是创新的发动机。2017 年，深圳 PCT 国际专利申请量占全国的 46%，仅南山区就占全国 26%。南山区就是提出"时间就是金钱，效率就是生命""空谈误国，实干兴邦"的地方。PCT 爆发式增长偶然的背后是必然，观念的背后是文化。纵观人类发展史，没有文艺复兴、启蒙运动，就没有后来的工业革命、科技革命和经济发展，这对于粤港澳大湾区的建设同样适用。之前参加深圳读书月活动，我突然想到一个问题，就是阅读和创新究竟是什么关系？后来回去一查资料，发现阅读指数和创新指数高度契合。我把国际上统计的全球创新能力排名前十的国家和阅读量排名前十的国家做了对比，在排序上两者基本吻合，可能个别名次上稍微有些差距，比如创新能力公认的是以色列第一，同时它也是全世界人均阅读量最高的，每年 64 本书，像日本、德国、美国也排在前列。所以深圳创新这么好，和阅读真是分不开。不从书本里发现问题，不从书本里寻找答案、获得知识，怎么去创新？制度、科技、资本固然重要，但我认为最根本的还是文化，文化是驱动创新的重要力量。

王世巍：深圳对全国的贡献体现在观念创新方面，还体现在率先改革开放、探索发展模式和展示制度优势等方面。

深圳是改革的试验场。20 世纪八九十年代，深圳创造了数以千计的全国第一，有单项的改革突破，也有系统的改革，有成功的经验，也有失败的教训。总之，深圳的改革实践为建立和发展社会主义市场经济作出了重大的贡献。而且，深圳不断进行深化改革，在新的历史时期仍然肩负改革创新排头兵的重担。

深圳在发展模式上做了积极探索。特区成立之初，城市发展是以经济建设为中心，创造了深圳速度。后来，又提出了深圳效益。再后来，又提出了深圳质量。深圳速度也好，深圳效益也好，深圳质量也好，都是发展观念，也都是发展模式。

深圳展示了制度优势。深圳的改革开放和发展建设成就，印证了我国实行改革开放政策的正确性，展示了中国特色社会主义制度的优越性。

粤港澳三地应强调"利益共同体"

《国是咨询》记者：2018 年政府工作报告中，李克强总理提出，要出台实施粤港澳大湾区发展规划，全面推进内地同香港、澳门互利合作。38 年来，随着区位关系的不断变化，大湾区前行路上会有哪些挑战？如何迎接这些挑战？

葛剑雄：谈到发展，离不开人才建设问题。人才要素最大的障碍就是流动受限。有关人才流动的政策一定不能自己打架。举个例子，澳门大学看中上海图书馆馆长，希望他能到澳大做馆长。上海图书馆馆长是个局级领导，他按正规手续报给市委，市委同意后又办理退休手续辞掉相关职务。但问题依旧没有解决，因为局级干部退休以后不能再拿工资，而澳门方面表示请馆长不给工资是违法行为。本来好事一桩，最后却走投无路。

粤港澳大湾区从一开始就应该强调构建"利益共同体"，才能团结各方力量。这个事业只有真正互利才能长久发展，绝不能"一厢情愿"。宏观姑且不谈，具体到经济领域，粤港澳能否形成足够数量的"利益共同体"才是关键所在。

曹二宝：按照"一带一路"倡导的三个"共同体"即人类、利益、责任共同体原则，要解决好内地居民因公因私往来香港或定居香港的便利政策。要发挥香港具有的"任何国家或地区和内地任何城市都难以比拟和替代的优势"，无论因公因私，内地居民往来或定居香港，或兼任香港社会职务，都要有不同于出入国境或定居外国的相关政策。

葛剑雄：宏大目标由国家层面负责，实操层面真正要做的就是从小事入手打通各方利益。比如通关，不能只是粤港澳打通而其他地方都不管，操作层面要以多地受益为准则。如果不是简单地投资项目，而是以贷款的方式参与，见效就很快。地区也可以设立一个基金，奖励为解决具体问题制定方案的团体个人。制定这类方案既不涉及政治制度，也不涉及意识形态，在商言商以市场机制为主。

目前，国家在粤港澳大湾区实行的政策严重趋同，行政制度不同，市场化不同，几个方案都一样是行不通的。在湾区问题上，特别是要避免过度谈统一。国外讲大湾区都是讲求统一的，现在粤港澳并不存在这样的基础，所以不要去乱套世界上的著名湾区，我们肯定做得不一样。内地城市人口比港澳多，经济实力也更强。倘若一锅端，港澳同胞难免会心生疑虑，是不是来剥夺他们利益的？

至于三地往来不便利问题，我认为很难一蹴而就。可以先从一条路或在某一座城试点，然后扩大推广。总而言之，要使大家逐步认识到，新政策能给不同利益层带来共同利益，推而广之就比较容易了。甚至能让港澳同胞对国家的总战略总目标产生更多的认同。

纵观世界上的湾区，基本都是统一的市场经济，文化也是一体的。反观粤港澳行政制度上一国三制，文化长期的积淀下来差异也大于共性。所以世界上的湾区经验没什么好借鉴的。

我们应该走出自己的特色，借鉴"一带一路"思路，构建利益共同体。在物流、信息流、人流、报关、审计等具体事务方面，逐步建立小的共同体。为什么现在水货陆客屡禁不止，因为有黑色利益共同体支撑。我们要"化暗为明"，形成利益共同体的集群。

制度差异为创新提供条件

《国是咨询》记者：近几年，粤港澳大湾区内，香港出现过"占中""港独"等政治问题。目前，三地仍然使用三套不同的行政制度，谈到湾区发展就很难绕开政治问题。在文化上三地虽然同根同源，但在不同路径下，文化形态也存在不小差异。政治文化在粤港澳发展中是什么地位？如何利用三地特殊性更好地发展？

葛剑雄：有很多事件不是什么政治问题，而是香港一部分人的利益诉求，更不涉及反动不反动。当然，这也有敌对势力在其中作祟，利用不和做文章。即便政治上是三制，经济、社会只要融为一体，大方向还是能保持一致的。

王京生："一国两制"对于大湾区，一般人看来可能是个阻碍，但实际上也是一种优势。"一国两制"既是文化差异也是制度差异，文化的差异化、制度的差异化恰恰本身也为创新提供一定的条件。如果我们利用得好，甚至可以走向世界。这么多年，香港对改革开放作了巨大贡献，中央应该支持香港发展。

曹二宝：中央对香港、澳门在国家发展大局中的定位，从来不是一个省或一个城市，而是始终放在内地任何省或任何城市都没有也不可替代的战略地位，去看待去建设。比如香港的文化，中央已确定"中西合璧"是它的特征或特色，这就是内地任何省或城市的文化都"难以比拟和替代"的优势。"一带一路"强调的"五通"就有"民心相通"，"中西合璧"的香港文化可以发挥独特优势。香港在文化领域已经搭建了非常好的国际交流平台。在文化方面，我们应该利用香港独特的、内地难以替代的要素。如果能发挥出来，国家的"一带一路"文化先行，可能会有新的面貌。

王京生：深圳是个移民城市，它的文化来自全国各地；港澳也是移民城市，有多元化的小社会，规模巨大的年轻移民正是解放思想的群众基础。我 1988 年来到深圳时，深圳平均年龄为 23 岁，如今 30 年过去了，平均年龄仅增加了 10 岁，依旧是最年轻的城市。城市可持续发展的资本，年轻化是个关键。深圳移民的特点是主动移民，移民的原因各种各样，但归根结底一句话：那就是对过去生活的不满足。年轻人对未来充满期待，期待就是梦想，所以这么多的梦想聚合在一起，形成了梦想的海洋，这个城市创新能力的勃然爆发就成了必然。

实现高端人才流动至关重要

《国是咨询》记者：人才是发展的重要动力。2018 年政府工作报告中，李克强总理指出，我国拥有世界上规模最大的人力人才资源，这是创新发展的最大"富矿"。如何开掘、利用好这块"富矿"？在人才工作上，深圳有哪些成功经验？未来协同发展的大湾区，在这方面又有哪些优势？

葛剑雄：很多高级人才需要双重国籍，但目前国内政策上有障碍。很多情况下，他们如果放弃外国国籍是很不利的。比如美国很多科学类比较敏感的基金或职位，一定要美国籍才能申请。虽然在香港有了一些特殊安排，但是实际上内地做得还不够。我们必须要适应国际新形势，如果想要促进高层次人才流动，一定要有条件地承认双重国籍。

此外，香港的专业服务人才非常丰富，细致程度在全世界都是一流的，要鼓励他们服务于三地。如果要利用这些人才，平等的法律地位要及时给到，况且政策现在也到改变的时候了。

王世巍：建市以来，深圳经历了人口不断膨胀，人才不断聚集的过程。深圳高度重视人才工作，在人才工作方面有这么几个特点：

一是构建了比较完备的人才政策体系，以服务经济社会发展需要。特区建立以来，每一个时期都有及时更新的人才政策。

二是坚持以市场为导向的人才发展机制。深圳人才的主要载体是市场和企业，企业机制灵活，注重利用市场因素集聚发展人才。深圳事业单位也积极贴近市场，包括学校、医院已经去行政化，去编制化了。

三是营造爱才尊才的综合环境。人才环境就是吸引力，服务就是凝聚力。对于优化人才环境的建设，深圳也有不少探索。从2017年开始，深圳规定每年的11月1日作为人才日。新近出台的营商环境文件，也专章写了人才发展环境。

（王新一 慕海昕 / 整理）

从缩小差距到乡村振兴

仇保兴等

| 座谈嘉宾简介 |

仇保兴　男，1953 年生，浙江乐清人，中共党员，国务院参事。经济学博士、工学博士，高级规划师。曾任住房和城乡建设部副部长、党组成员，国务院三峡工程建设委员会委员。十二届全国政协委员、人口资源环境委员会副主任。

刘　桓　男，1955 年生，国务院参事、教授、中央财经大学税务学院副院长；中国经济及社会理事会理事；北京市政协常委、北京市政协经济委员会副主任、北京市政协财政预算民主监督小组组长；清华大学、北京大学 MBA、MPA 主讲客座教授；北京市国际税收研究会副会长、《中国税务报》专家指导委员会委员。长期从事财政税收、金融证券理论及实务研究，先后著有《中国税制》《纳税检查》《证券业经营管理》《财政金融学》等多部著作。

王辉耀　男，1958年生，浙江杭州人，九三学社中央委员，国务院参事。教授，博士生导师。现任全球化智库（CCG）理事长，欧美同学会副会长，中国国际人才专业委员会会长，商务部中国国际经济合作学会副会长，北京市政协委员。在全球化战略，企业国际化，人才发展，智库研究，中美关系，国际商务，华人华侨和中国海归创新创业和智库等领域有丰富的研究，出版中英文著作60余部。

【编者按】党的十九大提出，要坚持以人民为中心的发展思想，着力解决发展不平衡不充分问题，不断促进人的全面发展、全体人民共同富裕。缩小城乡、区域、贫富差距，推进社会协调发展，是实现人的全面发展、共同富裕的必由之路。在当前我国社会主要矛盾中，城乡发展的不平衡问题表现得尤为突出。2017 年，党的十九大明确提出建立健全城乡融合发展的体制机制和政策体系。推动城乡融合发展，需要促进城乡要素自由流动，尤其是解决土地流转问题。如何完善土地经营权和宅基地使用权流转机制？如何促进城市资本健康自由地流入农村土地市场？《国是咨询》编辑部组织专家就此讨论并给出建议及解决办法。

土地是中国历史发展中的焦点问题

刘桓：从历史上看，土地问题始终是中国历史发展中的焦点。历次农民起义、王朝的更迭都是因为土地制度造成的，封建统治者最后把农民盘剥得活不下去了，农民起义造反。所以几千年周而复始循环是围绕土地的问题。

为什么现在我国城里的房价很高，而别的国家房价不是太高，我觉得这和中国文化有关系。全世界列出房价最高的国家和地区，亚洲占 10 个左右，其中 7 个是属于中国文化圈的国家和地区，也就是儒文化圈。两岸四地：大陆、台湾、香港、澳门，再加上受我们影响的日本、韩国、新加坡，房价都高。相比和我们同等发展水平的国家，像美国、欧洲为什么房价反而比我们低呢？主要在于文化影响。农耕文化核心是土地，中国人对土地的重视是深入骨髓的基因问题。买杯子 10 元嫌贵，买房子说多少钱就多少钱，他喜欢，他觉得这是真的，别的都是浮财，土地是核心。

土地制度的革命始终是中国革命的核心问题。我们共产党第一次独立领导革命叫土地革命战争，解放战争之所以能成功是因为搞了土改，土改都是第一位的，有了土改大家参军当解放军，你跟着我走，保证你 30 亩地一头牛，农民一听挺好，跟着走了。因为有土改，农民参军，才使得人民解放军数量上超过国民党的军队。而且大部分国民党军队哗变也是因为这个问题。这是土地革命战争和解放战争成功经验之一。

新中国成立以后先搞城镇化，这是围绕土地问题的，后来又推行了家庭联产承包责任制。现在中国进一步发展，城镇当中核心问题就是房地产问题，房子不是问题，关键是地怎么办。农村的问题在哪儿？农村问题在于目前联产承包经营责任制还能不能有生命力，用什么新的办法替代它。从这个角度上讲中国历史和我们的革命历史，其实土地问题都占有非常重要的地位。

要用历史和发展的观点看待以小岗村为代表的联产承包经营责任制的作用和意义。对于小岗村的做法，敢为天下先应该表示非常大的敬意，当时确实冒着被杀头的风险，确实了不起，我们大家有饭吃得益于联产承包经营责任制。在物质财富极度贫乏情况下，发挥个人的活力是完全正确的。但是任何的制度先进与落后都是有两面的。中国农村和农业生产发展到今天的规模，再用联产承包经营责任制靠一家一户经营农业恐怕有点儿过时，这是我们要总结40年经验过程当中不可回避的问题。

宅基地三权分置激发下一个改革红利

王辉耀：改革开放40年取得巨大成就，基础设施、国际贸易、整个经济发展等方面我们都是全球第二。但是现在面临新的瓶颈，比如国际贸易环境也开始紧张，中国的内需也需要拉动起来。我国13亿多人口中有近半还在农村，要是按照农村户口统计，甚至有三分之二还在农村。现在到了解决这个问题的阶段，要解决城乡二元结构和城乡差距的问题。

2018年2月4日，《中共中央　国务院关于实施乡村振兴战略的意见》作为"中央一号文件"正式对外公布。根据文件部署，我国将探索宅基地所有权、资格权、使用权"三权分置"，适度放活宅基地和农民房屋使用权。进一步放开宅基地政策是促进我国经济社会改革的重大决策。这次改革势必带来深远影响，一个新的难得的改革红利机遇期将随之到来。

由于宅基地关系到住有所居，关系到广大农民的切身利益与获得感，因而此次宅基地"三权分置"获得了各界广泛关注。2018年中国迎来改革开放40周年，此前我们先后经历家庭联产承包责任制、城镇住房制度改革以及加入WTO三次大的改革红利机遇期。此次宅基地的"三权分置"改革将使中国面临又一个10年一次的改革红利机遇期。关于宅基地的改革不但可以实现农村闲置宅基地的集约利用，促进新型城镇化建设，推动城乡双向流动，还将有助于农村留守儿童留守老人等一系列社会问题的解决并有望成为我国未来 10 年经济发展的新动力从而释放出巨大的改革红利。

能不能把宅基地流转限制放开？就像原来城里人住的房子是单位分配的，后来可以买卖交易一样。我认为这能解决现在极大浪费和极不平衡的情况。当前我国城市常住人口与户籍人口还存在巨大的数差。据统计，2017 年北京市常住人口为 2170 万，其中外来人口 822 万。改革前沿的深圳市 1252 万人口中有近 848 万人为外来非户籍人口。而这些外来人口中大多来自农村，其中"80 后""90 后"一代有很大比例是随着父母在城市里长大，已经适应了城市生活无法再回到农村了。宅基地的改革让农村人与城里人一样获得宅基地的使用权、处置权，获得土地流转升值的财产价值不但可以提供一部分人购房的初始资金，同时也可以借此消化城市的大量房地产库存盘活房地产市场。

放开农村宅基地流转可以极大地促进内需，解决留守老人和儿童问题。近年来，我国经济面临较大下行压力。2017 年年底，我国有 8.13 亿城镇人口，城镇化率为 58.52%。这与发达经济体 80% 的城镇化率相比还有很大的提升空间。假设有 1 亿农村人口变为城镇人口，则有望再释放 1/4 人口的消费能力，刺激经济增长。同时，据统计，2017 年，我国在义务教育阶段有 2300 万左右的留守儿童。此外广大的农村还有数以亿计的留守老人。这都是中国社会面临的巨大问题。放开农村宅基地流转，推动农村人口落户城镇，享受城镇教育、医疗服务，则可以有效解决我国农村留守老人和儿童问题。

陈全生：留守儿童最大问题还不是吃和穿，爷爷奶奶都会心疼孩子的，而是情感交流能力受阻，妈妈抱抱亲亲、爸爸打两下，这些都是情感交流，这是爷爷奶奶无法替代的。情感交流受阻会导致人孤僻，对外界社会是独立的，没有安全感，形成孤僻性格和对社会隔绝的状态会使人极易成为恐怖分子的后备力量。这些人进城以后和中国城市里最底层的平民矛盾最大，竞争同样的工作，这问题怎么解决？

百姓资产多在房产 大幅下跌恐成问题

仇保兴：中国老百姓的资产，到底房产在里面占多少比例呢？我们中国跟美国比，中国老百姓的千万富翁，其实有 75% 的资产在房产里，如果是美国的千万富翁可能只有 30% 左右的资产在房产里面。中国老百姓的资产大部分都是在房产里面的，是国际上房产的资产属性最高的国家之一。所以这样一来，我们很多调控工具都应该受到一些制约，如果房价出现大幅度的下跌，那就成问题了。

陈全生：在房地产问题中，房产公司是房产公司，地产公司是地产公司，是两种不同的公司，我们给弄成了一种，带来的问题就是忽略了地产公司应该具备的管理功能。因为房子新建成是价值最高的，随着使用折旧每天价值都应该下降，等到有一天塌了就是零了。现在，土地的价值随着房子价格往上走了，房子塌了，再盖房子，土地比原来还贵，因此，对地产公司的税收应该是逐年上升，而对房产公司的税收应该是慢慢下降的，这两种是截然不同的。

仇保兴：在城镇化加上商品房的推进方面，其实我们已经取得了巨大成功，但是同时也进入了一个误区，就是片面学了香港模式，中国的城镇化相当于一个全民入股的股份制公司，那么超大规模城市有了房子，你入股了，你的估值大大上来了。炒房的人一刷十几套房子，利用高杠杆占了大股，农民来不及进去，就没股份，后来股份制公司随着城镇化进程越来越值钱了，财富分配越来越不均衡。我国城镇化学了香港模式以后就带来了初次分配和后来财富暴涨之间严重不平衡，这个不平衡其实到现在为止都很难处理，解决办法就是下一步的长远的调控手段，房子是用来住的，不是用来炒的。现在普遍炒房，如果制止不住，这是非常严重的问题。

陈全生：房子本身是一个大额产品，是时间长期的产品，本身就具有升值和贬值的可能，所以具有炒作功能，不承认这个性质就是不承认市场规律。现在可以说不炒，但是不能否认它具有这个性质。否认这个性质将来一定会出问题。

利用消费税、空置税等调控楼市

仇保兴：房地产税一旦操作不慎，75%财产就没了。这个问题不解决是最大的分配问题，最大的不公问题，而且涉及当代财富和隔代财富转移问题。

这些东西我们已经研究两年了，对这个问题都考虑过。宅基地是有次序放开，各方面最理想的是现在不出台房产税。

第一，消费税。房价上涨控制不住的时候，你买第二套房子加税15%，第三套房子加税20%，中国人到欧洲买房子就是这个办法，最多可以加到40%。香港一出台消费税，大陆人买房子的积极性就下降了，主要涉及初次炒房的人，立竿见影。

第二，空置税。北欧国家考虑到住房是最大财富，空置对社会资本是不公正的事情，所以北欧的房子没有空置。征收空置税不会伤及大众的利益，老百姓没什么意见。现在电表也好统计，都是电子化的。

第三，流转增值税。房子买来 100 万元，之后变成 300 万元卖出，但增值部分不是你个人财富，可以拿走 30% 或者更高，这样也可以打击一小部分人。这三个税可以陆陆续续交叉使用，或者让地方政府出台，或者相继出台，打击面不大。

第四，物业税。物业是你的财产，这收费标准该怎么定？这个税就跟房产 70 年到期有关系，前面三个应该先出台再来研究。

陈全生：在我看来，房地产调控不是调整政策而是要调整思路。有房住是有房住，有住房是有住房，所以应该有两大市场，一个是买卖市场，一个是租赁市场。但是之前我们只发展买卖市场，包括经济适用房、安居房、低价房等，都是让大家买的房子。而真正让大家租的房子没有，有房住不一定要有住房，所以现在要大力发展租赁市场。

房子应该限卖，你买了就卖，是种投机行为，需要打击。怎么打击呢？就是对投机最凶的行为打击最狠。所以我以前提了一个数，比如说买了房子 1 年内卖出的，差价 95% 国家收走，2 年卖出的 85% 收走，3 年卖出的 75% 收走，5 年以后就不对差价征税。首先要锁定投机者，然后狠狠打击。用这种方式，也可以释放刚需。

允许买，又不让卖，那总得给人一条出路啊，所以可以奖励出租。比如，你把房子租出去，租金所得税全免，你租给贫困的人，还可以减免其他所得税。这样就可以让一部分有房子的人，获得财产性收入，利用这一部分钱给另外一部分人解决住房问题。如果有人买了房子，不卖也不租，让其闲置，怎么办？我认为，对闲置住房可以罚款。德国战后出台法律，房屋闲置三个月，不仅要罚款，还要拘留房屋所有者；房子闲置七年，就收归地方政府所有。

但是中国现在允许房产的闲置。房子闲置是双重闲置，一是房子的闲置，二是土地的闲置。所以把住房的租赁市场真正建立起来，是非常重要的一件事情。

王辉耀：20世纪90年代城里人分的房子都可以有产权，宅基地为什么不可以？从公平角度，从土地不能闲置的角度，从城镇化的角度出发，我认为，宅基地流转能支撑下一个40年的繁荣。当然，宅基地改革也并非一蹴而就，在改革过程中也需要做好预案，防止出现改革初期的混乱和不利影响。我认为可以考虑设置专门的土地基层出让金管理部门和监督部门，设指导价格，防止宅基地被炒作。具体可以采用以下措施：

首先，保持土地集体所有制不变，赋予集体所有制土地与国有土地同等的上市流通权限。现在的宅基地是无偿使用、划拨，类似于20世纪90年代前的城镇住房由单位和国家提供的形式。土地是供给有限商品，无法持续地为农村人口分配宅基地，应当让拥有宅基地的农村人口承担土地使用权成本。将来的农村宅基地市场化，可以先过渡到由集体、个人共同承担住房成本（这种情况下，宅基地流转获得的收益两者共同持有），到最后发展为类似当前较为成熟的城镇住房制度，即规定农村宅基地土地仍为集体所有，但使用权可以按照市场供需确定价格后流转；集体所有制土地上市流转，要缴纳一定的土地出让金后，才能拥有使用权。可以参照《物权法》对城镇住房用地的规定，农村土地所有制同样具有70年产权，与城镇住房同等待遇。以此允许城镇资本购买宅基地；取消之前集体所有制土地只能卖给农村的规定。

其次，可以设置专门的土地基层出让金管理部门和监督部门。

土地出让金作为农村集体所有，可以由农村集体经济组织／村民委员会，或乡（镇）农村集体经济组织经营、管理。但是宅基地放开后，集体土地收入会急剧增加，需要设置专门的土地基层出让金管理部门，让专业资金管理人才来管理。由于集体所有制的特殊性，政府部门不宜直接参与，而可以派出专业人才帮扶，并作为监督机构保障资金安全。

最后，建议设置指导价格、成立宅基地土地管理部门。农村宅基地与粮食安全息息相关，完全按照市场规则，一旦市场失灵，偏离正常价格，导致农村劳动力迅速流失，将直接影响短期内的粮食产量。需要设置制度，如短期内可以设置宅基地指导价格，先转移一部分已经在城市生活、定居，但没有城市固定住房或户籍的农村人口进城；长期内可以尽快提高农业规模化发展，将农业从业人员收入先提高上来，让农业与城镇其他产业同样具有高利润率和吸引力。

根据《城乡规划法》的规定，我国不少村庄的土地规划并未纳入政府指导体系，也就是很多村庄的土地规划并不受硬性约束，可有可无。建议修改城乡规划法，将全国村庄土地统一规划。建议成立专门的政府部门，管理宅基地，研究宅基地的集约使用政策。

（曹雪／整理）

从"科学技术是第一生产力"到"创新是第一动力"

张洪涛等

| 座谈嘉宾简介 |

张洪涛 男，1949年生，江苏无锡人，中共党员，国务院参事。中国地质大学博导，南京大学、中国海洋大学、长安大学兼职教授。原国土资源部总工程师，享受国务院特殊津贴。曾主持"新一轮国土资源大调查""天然气水合物勘查评价"等国家重大专项。获国家级、省部级科技成果奖10余项，其中《青藏高原地质理论创新和找矿重大突破》获2011国家科技进步特等奖。

蔡克勤 男，1942年生，江苏太仓人，九三学社社员，国务院参事。中国地质大学教授，博士生导师，曾任中国地质大学副校长。第九至十一届全国政协委员。享受政府特殊津贴，长期从事矿床学、非金属矿床地质学研究。

谢伯阳　男，1954 年生，湖南醴陵人，民建成员，国务院参事。曾任全国工商联副主席、中国光彩事业促进会副会长、中国光彩事业基金会理事长、民生人寿保险股份有限公司董事长。九届、十届全国人大代表，十一、十二届全国政协委员。长期从事民营经济研究。

陶思炎　男，1947 年生，江苏南京人，致公党党员，中央文史研究馆馆员。东南大学东方文化研究所所长。教授，博士生导师。中国民间文艺家协会副主席，国家一级社团"长江文化促进会"会长。第十一届全国人大代表。

【编者按】科技是国之利器，国家赖之以强，企业赖之以赢，人民生活赖之以好。科学技术越来越成为推动经济社会发展的主要力量，创新能力愈发成为国际经济竞争甚至综合国力竞争的关键所在。正因为如此，习近平总书记多次强调，创新是一个民族进步的灵魂，是一个国家兴旺发达的不竭动力，在激烈的国际竞争中，唯创新者进，唯创新者强，唯创新者胜，创新是引领发展的第一动力。

从20世纪80年代邓小平同志提出"科学技术是第一生产力"，到新时代习近平总书记提出"创新是引领发展的第一动力"，改革开放事业也走过了40个年头，中国的经济发展积累了许多有益的经验，也面临着新的考验。日前，国务院参事室联合中央文史馆举办"从'科学技术是第一生产力'到'创新是第一动力'"专题座谈会，共同探讨改革开放40年来中国科学技术的发展历史、现状和前景。

科技创新力的再强调

张洪涛：中国遇到了严峻的挑战——中美贸易战，有一阵想降温，说成中美贸易摩擦，实际上就是比贸易战还严重。我认为是一种潜在的大国之间的斗争，这比冷战还要严峻一点，这个事情不可小觑，一定要从根本上来慎重思考这件事情，不能仅仅停留在贸易这一个口。因此，我的第一个观点就是创新，创新需要有壮士断腕的勇气，所谓的创新，主要是科学技术方面的创新，人才制度上面的创新。

谢伯阳：科技的生命力在于生产，从邓小平同志提出"科学技术是第一生产力"的论断到改革开放 40 年的实践和发展，充分验证了这一条——科技的生命力在于生产。在我们现在看来，在社会的扩大再生产过程中，科技发挥的作用越来越大，越来越重要，因此说"科学技术是第一生产力"这样的论断是非常正确的、是科学的。在过去科技水平很低的时候，社会生产是以简单再生产为主，扩大得不多，所以那个时候就是扩大得快，随着科技创新的加快，往往都带来产业革命。相比资本、劳动、土地和其他资源在社会扩大再生产当中所起的作用，科技所发挥的作用越来越突出，所以我觉得要重提"科学技术是第一生产力"的论断，特别是在习近平总书记提出"创新是第一动力"的背景下，对科技创新的再强调是十分关键的。

蔡克勤：现在关于科技创新的重要性，大家基本上形成了统一的共识，没有太大的分歧，但是问题就在于怎么样能够走上一条符合科技发展规律的路，怎么样才能建立一个好的体制和机制来保证科技创新的进行。国务院马上要出台相关文件，能否真正发挥有效的作用还要再看一段时间，是不是真的解除了科研人员的束缚，激发了他们的活力，还需要时间的检验。但是显然我们都意识到了原来在科技上，对科研人员附加了很多不必要的条件。

国家体制和创新机制的融合困难

刘桓：我们过去就研究国家体制和创新机制的融合度，发现在国家体制和创新机制转成生产力的融合度方面，做得最好的是美国。邓小平同志说过一句话，"科学技术是第一生产力"，这句话说得非常好，但是这句话说得不完全，为什么不完全呢？因为科学技术不是天生的就表现为第一生产力。发一篇高水平的文章，往抽屉里一放，并不会变成生产力。只有当一种特别好的机制发现文章的应用价值，投入资源进行商业运营，才能将科学技术转化成生产力。所以我们中国目前看起来，科学家们能够创造出好的文章，但关于怎么把它变成商品，怎么把它变成市场行为的话，我们还差得很多。

蔡克勤：很多现在的状况都是实际情况，也反映了在体制机制上有些不尽合理的地方，还有搞领导管理科研的方式不符合不适合新时代发展的要求，是需要加以改革的。现在政府提到改善科研各方面的环境，像数学这类基础研究要给予充分的保障等，现在已经陆续出台了一些相关的政策，应该说接纳大家的意见了，当然，从国家层面来说，出台一个政策是要很慎重的，要至少管一段时间，朝令夕改是不行的。

张洪涛：我觉得对国家来讲，首先是在政治体制改革上，进行深化，有坚定不移地进行深化的决心。特别是今年实施的，国家的机构改革，这就体现了我党壮士断腕的决心。如果这件事情没有得到很好地解决，我们跟美国的竞争，跟其他大国的竞争，一定是被动的。中美贸易战的本质归根到底是制度上的竞争，我们一直说我们社会主义制度是非常优越的,怎么样使全国人民把思想集中在一起,中央肯定要有一个重大的设计,或者说重大的战略考量,而不是说碰到问题,去解决问题,看具体的局部的问题,一定要有一个整体的顶层设计。

蔡克勤:我们整体是"虚胖",结构性的调整这个步子要加快,但结构性调整加快的话,关键是加强科技创新的问题,如果科学技术水平达不到要求,不能形成有效的竞争力,来改善国内的发展状况的话,那"虚胖"问题解决不了的,也难以应对来自外部的挑战和威胁。

科研创新环境的培育显现不足

刘桓:有一个著名的问题——"钱学森之问",为什么新中国成立这么多年我们学校培养不出杰出人才,具体说中国的科技大师都产生于民国时期,像"三钱"都是过去在民国时期读的大学,包括我们几个得诺贝尔奖的华人,屠呦呦女士不用我多说,剩下的李政道、杨振宁那都是西南联大的学生。这里显示出一个重要的问题,从智商角度讲,中国人并不笨,过去我们总是说奥数摧残人才,我们现在不提倡开展这些竞赛,但是现在奥数竞赛在全球层面还是挺厉害的,然而连续几年美国的冠军队伍一看全是中国人。实际上人才的培养成长需要一个环境。科研的氛围好不好,科研的条件能不能得到保证,以及工作的环境对创新来说都很重要。

关于我们机制是不是能够充分发挥人的主观能动性,这点是非常重要的,自然科学需要这个环境,社会科学更需要这个环境。例如我们国家智库，被外国人形容得很尖酸刻薄，说我们是"有库无智"，人很多，但是能出几个有前瞻性的预见性意见的人很少。我不是完全同意这个看法，中国目前人才很多，问题在于这些人才的想法能不能成为一种智库的声音，通过正当的途径发出来，这是很大的问题。智库有各种类型的，比较著名的智库如兰德公司，它的意见或者它所发表的各种预见性的东西，往往是被说中的。但实际上据我们所知，兰德有个特点是什么？这件事情的好坏、前景有各种各样的说法，对政府进行政策评价是各异的，但是它都容忍，都往上递。我说的意见你听不听，是你的选择，它容忍有不同的声音存在。

陶思炎：在文化教育界一些迷信之风开始起步，这正是因为我们长期不重视科学教育的结果，对科研、科学教育以及科学普及这个事情还要下大力气去做，没有好的科研创新的氛围和机制，怎么能够使得优秀人才产生呢？我们从制度上，要把创新作为一个系统工程来抓，它不只是教育问题，有社会问题，有政治思想问题，有情绪问题，也有伦理道德问题，是多种因素的综合。要通过综合治理的方式，使社会进入良性的轨道，就要倡导科学，反对迷信，这个科学是多方面的，包括自身对科学知识的掌握和钻研，还要有一种批判精神，有各种错误观念意识的批判精神，只有这样我们才能形成良好的人才成长环境，为创新打下一定基础。

谢伯阳：创新的生命力在于人才，人才的生命力在于社会环境，给它什么样的成长环境，能不能充分发挥一个人的主观能动性和创造性，能不能提供一个自由的、争鸣的学术科研环境是能不能培养出杰出人才的一个关键。

科研成果转化缺乏渠道

刘桓：现在中国不管三七二十一，把科研人员都"赶下海"，让你进行创收，创收有本事，那么你可以去做博导，但是博导如果给博士发不出博士经费，那就不要当博导。反思一下，这是科研成果出现的方式吗？不是。这些年我们走来的路，我不敢说改革开放以来，最起码从 20 世纪 90 年代开始，我们是不分青红皂白，就把科研推向商品大潮第一线，这个做法确实是有问题的。而且你的科研成果换成钱以后，你可以养活自己的实验室，你可以雇多少人，你当"老板"。这个做法其实是短视。在国外不是这样的，搞自然科学的人，尤其是基础科学研究的人，你提出经费要求，国家给你拨款，国家认为你的项目非常需要，是不惜重金换你的科研成果，产生不了也没关系，只要不产生浪费行为。所以要仔细研究为什么在美国、德国、英国这样的国家，他有这样的科研成果生产的机会，中国没有，显然不是中国人笨的问题，也不是我们智商低的问题，这确实是从教育到评价体制，到国家经费拨款的方式等，我们需要进行完全的转换，我认为科学有两种，一种是直接转成生产力的，这是一个办法，还有把它变成影响思想、影响人的价值观的，这是不能用经济手段去衡量它的，所以我们说要从这个角度去研究它，确确实实应该是有我们研究的余地。

人才评价体制较为单一

刘桓：大学的老师应当说是大学的灵魂，他们决定着人才今后培养的道路选择和我们中国现在的科研成果的产生和它的水平。中国现在评价人才成长的标准是很程序化的，比如说评价你这个教授够不够当一级教授，够不够当二级教授，首先你得是院士。文科没有院士，所以我们最高的是二级教授，现在我们不是，我是三级教授，因此工资、待遇、机会等就差一大块。学理科、工科评院士，评院士当中有很多的黑幕，因此大家觉得这套机制本身并没有把最拔尖的人才给选出来。

钱学森先生问为什么中国这么多高校，我们高校人数与美国相比较，已经超过它了，每年毕业的硕士、博士后是远远超过美国的，为什么没有大师？中国从这方面来看，恐怕是体制问题、机制问题。这些人出了国就成才，在国内就不成才，这就很成问题。所以在中国为什么会有原创成果少等现象，现在确实需要我们找一找它的内在原因。

创新人才的培育亟须解决

刘桓：科研成果转移生产力，这个过程本身很复杂，但是不管如何复杂，有一个道理是不变的，那就是尊重科学规律。如果你违背的话，本身就是不行，所以我们从事多年教育和科研工作的体会就一句话，那就是要尊重人才，尊重规律，尤其是尊重科研的进展规律，这条是我们打破"钱学森之问"的最好途径。

张洪涛：人才问题的解决还要有另外一手，就是在人才使用方面需要有新的思路，在第二次世界大战以后，美国就大量地吸纳了许许多多顶级的科学家为它服务，美国在短短的三四年内，科学和技术的革命性的提升和变化，跟这些人才的聚集机制是有关的，我建议中央高层对人才机制方面的研究和政策的研究可能需要花点功夫，把有益的经验吸收起来。

陶思炎：对人才培养思路做到对海外人才的引进，人才培养也是多层次、多方法的，既有学校培养，又有从社会实践中发现的苗子，还要有从海外引进，在人才培养方面，要丢弃一些传统的旧的思路，开辟新的路径。

（张瑞／整理）

文以化人的力量

王蒙等

| 座谈嘉宾简介 |

王　蒙　男，1934 年生，河北南皮人，中共党员，中央文史研究馆馆员。作家。中国作家协会名誉副主席。曾任文化部部长、中国作协书记处书记、《人民文学》主编、中国艺术研究院院长。第十二届中央候补委员，第十二、十三届中央委员，第八、九、十届全国政协常委。第十届全国政协文史和学习委员会主任。俄罗斯科学院远东研究所与澳门大学荣誉博士，日本樱美林大学博士。

杨天石　男，1936 年生，江苏东台人，无党派人士，中央文史研究馆馆员，中国社会科学院近代史研究所研究员、博士生导师。

陈祖武　男，1943 年生，贵州贵阳人，中共党员，中央文史研究馆馆员。中国社会科学院学部委员、历史研究所研究员，中国社会科学院研究生院历史系教授、博士生导师。曾任中国社会科学院历史研究所所长。

程大利　男，1945 年生，江苏徐州人，中共党员，中央文史研究馆馆员，曾任中国美术出版社总社总编辑。享受政府特殊津贴。

安家瑶　女，1947 年生，山东烟台人，无党派人士，中央文史研究馆馆员。中国社会科学院考古研究所研究员。曾任中国社会科学院考古研究所汉唐考古研究室主任、西安考古研究室主任。长期从事汉唐考古、城址考古与保护。

田　青　男，1948 年生，河北唐山人，无党派人士，中央文史研究馆馆员。中国艺术研究院音乐研究所所长。曾任中国非物质文化遗产保护中心副主任，中国艺术研究院宗教艺术中心主任。长期从事非物质文化遗产保护。

吴　江　男，1949 年生，辽宁绥中人，无党派人士，中央文史研究馆馆员。中国少数民族戏剧学会法人副会长。曾任国家京剧院院长、北京市文化局副局长。一级编剧。十二届全国政协常委。著名京剧史论专家、剧作家。

冯　远　男，1952 年生，江苏无锡人，中共党员，中央文史研究馆副馆长。历任中国美术学院副院长，文化部教育科技司司长、艺术司司长，中国美术馆馆长，中国文学艺术界联合会副主席、书记处书记等职务。现任中国文学艺术界联合会副主席，中国美术家协会副主席。第十一届全国政协委员。

【编者按】习近平总书记在党的十九大报告中指出："文化是一个国家、一个民族的灵魂。文化兴国运兴，文化强民族强。没有高度的文化自信，没有文化的繁荣兴盛，就没有中华民族伟大复兴。要坚持中国特色社会主义文化发展道路，激发全民族文化创新创造活力，建设社会主义文化强国。"

如何深入贯彻落实党的十九大精神，坚定文化自信，弘扬传统文化中的革新精神？让我们听听专家们的意见和建议。

先进文化是多元凝聚和谐的文化

张胜友：我们为什么有文化自信？人类有四大古文明：古埃及文明、古巴比伦文明、古印度文明和华夏文明，这其中唯独只有华夏文明 5000 年生生不息，传世到今天。这说明我们中华优秀传统文化有很强大的生命力、包容性，能够使中华文明存续到今天。有这样的文化，我们不仅自信，而且自豪。

哪些先进文化能够让我们自信？一是红色文化。红色文化是先进文化，因为中国共产党带领全国人民打江山，千辛万苦，最后创建了中华人民共和国，这种文化是向上的、鼓舞人心的，这种文化当然会让我们感到自信。二是改革文化。今年是改革开放40年，正是改革，让我们从非常贫穷、落后的农业大国，通过40年的奋斗成为世界第二大经济体，一步步走到了世界舞台中心。

我认为，文化最后是要上升为一种精神的，我们民族的团结精神、科学精神、奋斗精神、创新精神、牺牲精神、奉献精神，这些就是我们要坚持弘扬的先进文化。

王蒙：中国是个多民族国家，现在边疆问题、民族问题引得各方关注，而且明年是新中国成立70周年和五四运动100周年，到那时，我们需要形成自己的文化人才阵地，对整个中华民族的文化精神、文化特色、文化走向有一个统一的认识和说法。如果我们能够有一个统一的认识和说法，对于维护中华民族的文化团结，加强多元文化和睦、和谐方面是很有好处的。

统一说法并不难。首先，中国各民族在敬老、重农上和其他国家不一样。因为中国各民族基本都是农业社会，都非常重视从一粒粟变成万颗籽的过程。其次，中华传统文化崇文尚礼，各民族都提倡勤俭好学，提倡接受教育。

赵德润：我们不断提倡文化自信，追忆中华5000年文明史，习近平总书记在党的十九大报告中也曾提及5000年的文明历史。这些观点已基本上得到学术界的认同，但也存在不同的看法。由于炎黄时期无实证可考，一些国内外学者认为，中国仅有3000年的文明史。建议国家创立炎黄学，加大研究力度，对这一特定时代进行研究，这将对中华5000年文明的认同具有重大意义。

杨天石：在文化领域应继续坚持和贯彻"百花齐放，百家争鸣"的方针。20世纪50年代初，毛泽东同志提出了"双百"方针，这是中国共产党在文化领域的根本性方针，它符合文学、艺术及学术发展的规律，应该长期坚持与贯彻。只有这样，文化的发展与繁荣才能得到保证。文化领域、文学领域里错误的东西属于人民内部矛盾，可以通过"双百"方针，通过批评和自我批评，通过学术研究去解决。

以先进文化提升国民精神风貌

陈祖武：2014 年，习近平总书记在纪念孔子诞辰 2565 周年大会中提出我们学术界、文化界有一个时代任务，就是"以文化人"。改革开放 40 年，中华民族应该以什么样的时代风貌、文化风貌出现在世界上？这些年来，新闻界、学术界、文化界没有呼应这个时代的人物出现。结合习近平总书记提出的这个时代任务来思考，我们是有差距的。我们只抓了一些表面上看得见的文章，短期内能见成效。创作产出的电视剧、电影、舞台剧、小说的数量能够看得见，但我们人民文化素质究竟有什么变化？

所以，树立一个优秀的精神文化风貌出现在世界舞台上，恐怕是我们全党、全国人民要花很长时间和力气去做的事情。我建议，可以将落实"以文化人"的时代任务，作为文史研究馆"十三五"期间的一个重点工作。

冯远：新时代要把人的素质全面提升作为一项重要的任务。知识不等于能力，能力不等于觉悟。这些年来，24 字社会主义核心价值观非常宽泛和重要，但落实到人的素质全面提升，应该作为一项中心任务明确提出来。

要进一步加大文化精准扶贫力度。教育是文化中很重要的一部分。精准扶贫可以先从义务教育普及和优惠教育开始。中国的现代化将在很大程度上受制于"三农"问题。目前中国还有四五亿农民，农村振兴主要靠年轻人。建议可以参照扶持师范生的政策，由国家出资，让西部地区和贫困地区没有考上大学的所有适龄年轻人完成高中教育和农业专业知识技术培训。如果国家仅仅是出资辅助、补贴，甚至给低保，都不能从根本上解决农村目前的问题。

程大利：关于落实全民阅读的问题，我提过很多次。能不能把全民阅读的社会调查搞得再深入一点，能不能把全民阅读制度化，能不能在国家层面制度化，真的落实下来，创造阅读条件，建立阅读环境，形成良好的阅读氛围和阅读风气。

提升文化先进性应注重非遗保护

吴江：我一直想汇编一套共和国经典剧选。如果不是共和国成立以后对民间剧种进行挽救支持，那些剧种现在已经失传。例如《目连戏》，作为戏剧的活化石，从敦煌的文俗讲到宫廷的《劝善金科》，已经渗透到许多古老的剧目之中，是"一带一路"文化真正的历史见证者。

近年来，我对宫廷戏剧进行了研究，根据故宫所存档案，将服装、化妆、音乐、表演等进行了原汁原味的恢复，取得了不错的演出效果，之后还到中国香港、台湾对其进行讲解。我们还有大量的工作可以做好。我们可以将数百年前的文化艺术呈现给大家，让人眼睛一亮，使数千年的中华文化传承不息。

田青：文化的主要作用是对人类民族灵魂的塑造。但文化不仅仅只有无为之用，它还有很多可以为之用的东西。例如我们利用非遗保护的精神及其成就，可以做很多的事情，包括两岸的文化统一问题。中国很多非物质文化遗产是两岸共有、两岸共享的。台湾有非常优秀的人，如果我们给他一个国家非物质文化遗产传承人的待遇，那会对促进两岸的和平统一起到非常大的、立竿见影的作用。

妈祖文化现在申报了人类非物质文化遗产，而真正的妈祖遗产传承最好最多的是中国台湾，500多座妈祖庙。其中很多大庙和我们关系非常好，年年来寻根寻祖，而且都主张统一，我们能不能授予它为文化保护单位或中国文化传承单位？这样可以极大地促进两岸文化的统一。

台湾原住民布农族有个文化遗产"八部合音"是世界闻名的，我和他们的长老见面，他说现在大陆保护非遗太好了，我们同属于一个中国，我们愿意大陆帮我们申报非遗。如果在非物质文化遗产申报方面，遵循中华台北这样的先例，可以团结很多的原住民。

因此我有三方面建议：第一，国家级传承人制度，要给台湾同等待遇；第二，要给台湾民间团体和非遗保护单位挂牌子；第三，重视台湾原住民文化。

安家瑶：除了妈祖文化，台湾有500多座妈祖庙，很多妈祖也都是从大陆过海而来的。其他的文化遗产也有很好地保存，如台南的文庙，儒家文化在台湾传播广泛。

文化创新应规避低俗化倾向

吴江：功利性的创新、粗放型的生产，不仅可以摧毁事业和人才，更可能败坏民族文化的声誉，造成中国文化的颓势。近年来，我们不断提倡创新，鼓励创新，提及创新感觉特别时髦，却不懂究竟何为新。事实上，并不是所有的艺术都可以反映今天的现实生活，作为古典艺术的昆曲，如与大渡河相结合将导致艺术的味道消失殆尽。

文化得不到发展和创新，将大大挫伤文化软实力，更谈不上文化走出去。艺术不是蜂拥而上，人人写诗作词、创作电影，这些都需要专家。不同的艺术门类有不同的功能，在文化范围内也有自己的专属位置。因此，文化供给侧改革需要对艺术进行分工，以保留各自的艺术特色，而不是盲目高举创新旗帜，却无所建树。

王蒙：现在接受文化熏陶的渠道和范围非常广，但我认为，文化低俗化的趋势令人担忧。手机上出现的低级文化越来越多，各地电视节目也在低俗化，盲目追求泪点、看点、笑点，但"一刀切"地强制禁止也不是好办法。

张胜友：文化自信的同时还要批判。王蒙先生说的社会低俗文化现在泛滥成灾。我还发现近段时间以来，网上、微信里"文革"回潮很厉害，而且非常赤裸，公开打出"阶级斗争、造反有理"的旗帜来。我们在弘扬先进文化，强调文化自信的同时，也要批判那些乌七八糟的东西，而且我们要明确表态。

安家瑶：我国文物保护利用过程中存在较多乱象。党的十九大之后，特别是习近平总书记对于文化遗产的保护，实际上已经被提到一个很高的高度。但是在实际文化遗产保护过程中，部分乱象还是很多，特别是在基建、经济发展过程和文物保护、文化遗产保护之间的矛盾还是非常突出的，违法违规的现象层出不穷，且得不到相应的处理。建议有关部门高度重视，加大惩处力度。

（吴睿娜 朱远航 / 整理）

引领性参与国际组织

章新胜

| 作者简介 |

章新胜 男，1948 年生，江苏沭阳人，中共党员，国务院参事室特约研究员。中国教育国际交流协会前会长。曾任国家旅游局副局长，江苏省苏州市委副书记、市长，教育部部长助理、副部长。第七、八届全国人大代表，第十一届全国政协委员。熟悉教育政策研究、国际交流、城市规划、生态文明建设等领域的工作，在教育战线和外交战线有较大影响。

中共中央办公厅在 2015 年 3 月 18 日发布主题为《关于进一步加强国际组织人才培养和推送工作的意见》的文件，就进一步加强国际组织人才培养和对国际组织人才的推送工作提出了重要的意见。

改革开放以来，中国经济持续快速发展，对世界产生了广泛而深远的影响。全球金融危机发生后，中国仍然保持较高的增长速度。随着中国国力的提升，特别是中国在国际事务当中的影响力和作为世界第二大经济体，很多国家对中国寄予期望，第三世界国家、非洲国家，甚至包括中国周边的国家，都对中国有期待，都希望中国能够站出来，作为负责任的大国发挥它的作用。

对于世界而言，推动全球化进程需要中国力量，需要中国智慧；对于中国而言，进一步融入国际社会，有利于不断熟悉国际机构运行规则，在国际组织中学习、增强规则的塑造、制定能力，从而进一步提升自身的话语权和影响力。

随着综合国力、国际竞争力、国际影响力显著提升，我国比历史上任何时期都更有条件培养推送国际人才服务国际组织，为参与改革和完善全球治理体系发挥负责任大国的作用。近年来，在党中央正确领导下，国际人才培养组织工作取得积极进展，但面对新形势，我国在国际组织任职人员数量少、职级低、影响力不够等问题日益突出，与我国国际地位很不相称，远不能满足维护和发展国家利益的需要。进一步加强国际组织人才培养推动工作，对于加快打造一支熟悉国际组织规则、精通国际事务的高素质、国际化人才队伍，对于更好地统筹国内国际两个大局，为实现中华民族伟大复兴的中国梦争取有利的外部环境，对于以更加积极姿态参与国际事务，推动建立更加公正合理的国际政治经济新秩序具有重要意义。

引领性参与　润物细无声

近年来，中国与国际组织的关系出现新的特点和趋势。中国在国际组织中开始发挥某种引领性作用，"引领性参与"体现了中国与国际组织关系的转型，成为中国多边外交的一个新亮点。

中国在联合国的地位和作用不断提升。中国长期、高度和坚定支持以联合国为核心的多边主义和国际秩序。中国是联合国成员国中最大的发展中国家，是世界第二大经济体，是安理会五个常任理事国之一。这是中国在联合国发挥引领性作用的基础性力量和条件。2016—2018 年，中国分摊的联合国会费占 7.92%，在成员国中列第三位；联合国维和摊款占 10.2%，排第二位，且中国派遣的联合国维和人员是安理会五个常任理事国中最多的。这是中国在联合国维和领域发挥引领性作用的重要体现。

要更好地引领性参与国际组织，为中国的整体外交和国家利益服务，还需要不断创新思路，开拓性地开展工作，其中一个非常重要的思路和工作就是要把中国的理念、倡议、方案等转化为国际组织的规范，纳入国际组织的议程，使其真正成为国际规范和国际议程。

共商共享共建的全球治理、合作共赢的新型国际关系、人类命运共同体是近年来中国为解决全球性问题与挑战而提出的核心理念和主张，需要通过国际组织实现多边化和国际化，使之成为国际社会的共同理念和规范，成为一种"世界语言"。这些理念和主张应首先体现在我们的外交特别是多边外交中。在多边场合，我们要持续地传播这些理念，把这些理念指导下的解决方案和经验做法纳入国际会议的议题议程和成果文件中。

有的放矢　界定重要国际组织

国际组织有很多的界定，涉及对国际组织的分类问题，根据不同的标准和角度有不同的分类。比如讲国际组织有政府间国际组织和非政府间国际组织，这是根据国际组织成员的性质来划分的；有全球性的国际组织和地区性的国际组织，这是根据它的范围来划分的；有一些是正式的国际组织，有一些是非正式的国际组织，比如像 20 国集团、金砖国家；有一些是传统的国际组织，像联合国、三大世界经济组织、IMF，等等；还有新兴的国际组织，上合国际组织、亚投行，等等；此外，还有不同的类型，经济、文化等各个领域的国际组织。

什么是重要的国际组织？目前来讲，这个概念应该宜窄不宜宽。现在国际形势非常复杂，据不完全统计，非政府组织约有六万多个，其中比较活跃的组织有三千多个，中国积极参与的有三百多个，其中真正与中国关系比较密切的组织有七八十个。如果按照这个数据来说，我们想要全面参与是不可能的。所以首先需要做的工作就是全面了解，做好基础信息的收集分类工作，到底每个国际组织都在干什么，有什么样的职能，起什么样的影响，有怎么样的机制，应该先从战略上去了解。

要做到重点介入，有的放矢。可以着重考虑那些有联合国永久观察员地位的组织。选择个别在中国有基础、有能力的领域争取引领，比如减贫、维和、妇女、南南合作等问题和领域，中国的贡献和优势比较突出。我们应优先在这些领域取得话语权，扩大影响力，争取引领性。

既要循序渐进　又要找到捷径

要真正在国际组织中更好地发挥引领性作用，还需要循序渐进地开展大量具体的工作。

一是要"走出去"。我们不仅需要企业到海外投资，公民到海外旅游和学习，还需要更多的中国公民到国际组织中去，做国际公务员。目前，在以联合国为主的国际组织中，存在"三多三少"现象：担任联合国副秘书长和助理秘书长、专门机构的正职和副职的中国籍高官比较多，但中国籍国际职员总数少，在联合国秘书处只占 1.18%，中高级管理人员更少；政府相关部门选派的官员多，但通过联合国考试入职的专业和事务类职员少，在联合国系统内升迁的高级官员少；由明星担任的亲善大使和形象大使多，但由学者、企业家、外交家、国际知名人士担任顾问、特使、代表的很少。这就需要我们政府和民间共同努力，一起推动。

二是要"请进来"。我们要争取更多的国际组织到中国设立总部、分支机构、地区中心和办事处。1997 年成立的国际竹藤组织是第一个总部落户中国的国际组织。20 多年来，这方面的进展非常缓慢。近年来，一些国际组织在华设立项目机构，如联合国训练研究所亚太经济和信息化培训中心、联合国南南全球技术产权交易所、联合国工业发展组织全球科技创新中心等都设在上海，今后应争取更多的国际组织落户中国。

三是要"建起来"。近年来，中国主导创建了几个新的国际组织。2015 年开业并成立的金砖国家新开发银行和亚洲基础设施投资银行，总部分别设在上海和北京。中国在这两个多边国际金融机构的成立、份额、决策中都发挥着决定性的作用。2015 年习近平主席在联合国宣布的南南合作与发展学院和国际发展知识中心已正式成立。尽管它们不是真正意义上的国际组织，但可以发挥国际组织的许多功能。未来，中国还将创造条件，创建更多的国际组织，甚至非政府间国际组织，为全球治理作出更多的中国贡献。

为了做好国际组织的人才推送工作，我们应该熟悉国际组织干部任用机制。支持国内干部多次进入国际组织工作，并获得"洋插队"经历，是他们打入国际组织的先决条件。要学习一些国家在联合国机构的"传帮带"的做法，即在国际组织理事会担任领导岗位时带上国内的助手，这些助手或能直接成为国际组织编制中的一员。助手在国际组织中长期负责接洽、联系等工作，能最快地融合并适应环境，等到领导岗位轮换的时候，多数助手都能继续在国际组织中留任。

扶贫开发回看改革开放四十周年

汤 敏

| 作者简介 |

　　汤　敏　男，1953 年生，广东广州人，无党派人士，国务院参事。友成企业家扶贫基金会副理事长。曾任亚洲开发银行驻中国代表处首席经济学家、副代表，国务院发展研究中心中国发展研究基金会副秘书长。长期从事宏观经济研究，金融、教育、扶贫等方面的研究以及公益实践活动。

"小康不小康，关键看老乡，关键在贫困的老乡能不能脱贫。"农村贫困人口能不能如期脱贫，是习近平总书记提出的判断我国是否真正建成全面小康社会的重要标志。经过 40 年的艰苦奋斗，中国正进入消除绝对贫困的最后攻坚阶段，精准扶贫坚在哪里？攻在何方？如何才能打好脱贫攻坚的最后一仗？本文进行一些探讨。

艰苦卓绝的扶贫史

新中国成立以来，中国政府一直推动发展生产、消除贫困的工作。但由于当时的经济基础极端薄弱，生产能力低下，经过曲折发展，到 1978 年，中国还是世界上贫困人口最多的发展中国家之一。国家统计局在《关于中国农村贫困状态的评估和监测》中，将 1978 年的贫困线划定在农民年人均纯收入在 100 元，按这个标准计算，当时全国农村贫困人口的规模为 2.5 亿人，占当时农村人口总数的 30.7%。

现代意义上的扶贫，是在改革开放以后大规模实施的。在过去的 40 年里，扶贫标准根据经济社会的发展不断调整，扶贫政策也在不断变化：从"救济式扶贫"到"开发式扶贫"；从"区域性扶贫"到瞄准贫困县、"整村推进"再到"扶贫入户"，到现在的"精准扶贫"。回顾历史，中国的扶贫开发大致经过了五个阶段。

第一阶段为体制改革推动扶贫阶段（1978—1985）。自 1978 年开始的改革，首先是以家庭联产承包责任制取代人民公社"一大二公"的集体经营制度。这种土地制度的变革极大地激发了农民的劳动热情。通过农产品价格提升、产业结构调整以及非农领域就业的渠道，将利益传递到贫困人口。同时，中央开始推动类似扶贫开发的以工代赈计划和"三西"农业专项建设项目。到 1985 年年底，没有解决温饱的贫困人口从 2.5 亿人减少到 1.25 亿人。

第二阶段为有组织的大规模扶贫阶段（1986—1992）。1986 年，国务院贫困地区经济开发领导小组成立，拉开了有组织、有计划、大规模的农村扶贫开发的序幕。当时农村年人均纯收入在 206 元以下的约有 1.25 亿人，占农村总人口的 14.8%。国家划分了 18 个集中连片困难地区，依据农民人均收入，制定了国家贫困县标准，划定了 331 个国家贫困县。到 1992 年年底，农村依靠其收入不能维持其基本的生存需要的绝对贫困人口减少到 8000 万人。

第三阶段为八七扶贫攻坚计划阶段（1993—2000）。"八七"的含义是：在 20 世纪的最后 7 年，集中力量基本解决全国农村 8000 万贫困人口的温饱问题。1993 年"国务院贫困地区经济开发领导小组"更名为"国务院扶贫开发领导小组"。列入"八七扶贫攻坚计划"的国家重点扶持的贫困县调整为 592 个。在这 7 年间，中央政府累计投入扶贫资金 1240 亿元。到 2000 年，中国农村贫困人口从 8000 万下降到 3200 万，贫困发生率下降到 3.5%。

第四阶段是以整村推进为主要特征的阶段（2001—2010）。国家制定了新世纪第一个农村扶贫开发纲要，扶贫政策在保留和适当调整重点县的同时，把目标瞄准到村级，重点实施"整村推进"。在全国确定了 14.8 万个贫困村。此阶段逐步在农村全面建立了最低生活保障制度，对没有劳动能力或丧失劳动能力的部分农村贫困人口，给予最低生活保障，初步形成了低保维持生存、扶贫促进发展的工作格局。

第五阶段是以精准扶贫为主要特征的阶段（2011—2020）。国家制定了新世纪第二个农村扶贫开发纲要。提出的扶贫标准是"两不愁，三保障"，即实现扶贫对象不愁吃、不愁穿，保障其义务教育、基本医疗和住房，并将农民人均纯收入 2300 元（2010 年不变价）作为新的国家扶贫标准，这一标准比 2009 年提高了 92%。这一阶段的特点是把区域发展和个人帮扶结合起来，划定集中连片特困地区，实施精准扶贫的方略，使得扶贫效果有效集中在贫困人口身上。党的十八大以后，"精准扶贫"成为一切扶贫工作的中心。在全国范围内建档立卡识别贫困人口。2015 年中共中央、国务院制定了《关于打赢脱贫攻坚战的决定》，中央扶贫开发工作会议期间，中西部 22 个省（区）党政主要负责人向中央签署脱贫攻坚责任书，立下军令状。目前已取得决定性进展。

中国扶贫对世界的贡献

中国扶贫是世界扶贫的一部分。世界银行行长金墉在 2017 年的世界银行年会上表示：中国的扶贫解决了 8 亿人口的贫困问题，是人类历史上最伟大的故事之一。在过去几十年时间里，世界极端贫困人口的比重从 40% 降到目前的不到 10%，中国作出了绝大部分贡献。中国的扶贫经验值得中等收入国家借鉴。

中国政府为缓解农村贫困问题所作出的种种决策和取得的杰出成就得到国际社会的高度赞赏。按照世界银行人均日收入 1.25 美元的标准，从 1981 年到 1990 年，中国减贫人口为 1.52 亿人，从 1990 年到 1999 年，中国减贫人口为 2.37 亿，联合国开发计划署的一份报告指出："世界上没有任何国家能像中国一样在扶贫工作中取得如此巨大的成功。"中国对全球减贫的贡献率超过 70%。

中国成功的扶贫经验可以为其他发展中国家所借鉴。中国的扶贫成功经验说明，扶贫开发是一项周期长、投资大、涉及面广的系统工程，经济发展的外溢效应作用有限，必须依靠政府强力推动。扶贫开发必须综合运用财政、货币、产业、教育、卫生和社会保障政策，突破产业发展瓶颈并精准破解实体经济在贫困地区经营的困难。扶贫开发还须广泛吸纳贫困群众参与，优化扶贫项目的利益分配，以工代赈、以奖代补，将贫困群众的收益与自身努力紧密结合，提升其自身发展能力。扶贫开发还要同时建立良好的社会保障体系、生态保护体系和法制体系，推进教育资源、医疗资源向贫困人群倾斜，向偏远地区倾斜。

除了减少贫困人口之外，中国的扶贫还包括改善包括安全饮水、居民健康水平等方面的人类生活质量方面的成就。《中国扶贫开发报告 2016》显示，中国贡献了 1990—2014 年全球使用改良饮用水源人口增量的 45.6%；中国在提高人口期望寿命方面的努力，使全球平均的人口期望寿命多了 1 岁。不仅如此，中国还积极支持和帮助广大发展中国家消除贫困，共向 166 个国家和国际组织提供了近 4000 亿元人民币援助，为 120 多个发展中国家落实千年发展目标提供帮助。

脱贫攻坚的硬骨头

党的十八大以来，中国的扶贫进入了一个崭新的阶段。精准扶贫就是要在全国范围内，把每一个贫困户都找出来，建档立卡，一户一策。这在中华民族的发展史上从未有过，在世界历史上也是一个伟大壮举。这次脱贫攻坚完成后，中华大地上就彻底消除了绝对贫困。极少数无劳动能力的贫困人口会由低保等保障政策兜底。当然，贫困有绝对的也有相对的，未来还有相对贫困的人群，而且相对贫困会长期存在。但是，解决相对贫困问题的方式与现在的做法可能会有不同。所以说，精准扶贫是一个前无古人后无来者的壮举。

但是，行百里者半九十。未来的 3 年，我国还有 3000 多万贫困人口要脱贫。这个规模虽然只有 5 年前贫困人口的三分之一，但扶贫越到后面任务就越艰巨。

脱贫攻坚要啃几块硬骨头。一是习近平总书记最近指出的叫作深度贫困地区的脱贫。深度贫困地区，如西藏、四省藏区、南疆四地州、四川凉山州、云南怒江州、甘肃临夏州。这是目前中国最困难、最需要帮助的地区。目前这里的很多地方贫困发生率还在 18% 以上。

二是大规模的扶贫移民搬迁户的脱贫。扶贫移民搬迁就是要把那些一方水土养不了一方人的地方的 1000 万左右的贫困人群搬下来。到目前为止，已经迁移了 589 万人，未来 3 年还要再搬 400 多万人。这是近 3 个三峡移民的规模。当年在建设三峡大坝时，要动员全国的力量，还在电费里面加价，一直做了十几年的工作才搬迁了 120 万移民。现在不到 3 年内，要完成 3 个三峡移民的规模，还要实现"搬得出、稳得住、有发展、能致富"，困难之大可想而知。

三是因病因残致贫的人群的脱贫。在余下的这 3000 万贫困人里有一半左右是因病因残致贫的。另外，65 岁以上的老人占了这个 3000 万贫困人口的 15% 以上。传统的产业扶贫模式对这些因病因残致贫的人群很难显示出效果。

四是内生动力不足之人的脱贫。"坐在门口晒太阳，等着政府送小康"，非常形象地描述了这部分人的状况。虽然这批人在 3000万人贫困人口里面比例并不大，但是非常难处理。他们人不多，但对村民的负面影响很大。他们不好好干活，还得这得那的，老百姓就很不高兴。这也是块难啃的硬骨头。

打赢打好脱贫的最后攻坚战

党的十九大报告提出来要打好脱贫攻坚战。人们常说，脱贫攻坚打"赢"不难，打"好"不易。什么叫作"好"呢？第一，要有一个稳定的扶贫长效机制，短期内让贫困户脱贫相对容易，保证长期稳定的脱贫，不返贫的挑战很大。现在的政策是脱贫不脱帮扶，脱贫不脱政策，即脱贫以后，扶贫政策要扶上马送一程。应该看到，脱贫致富是一个动态的、不断发生变化的过程，有些群众会因各类发展条件的欠缺而"返贫"，"脱贫摘帽"绝不仅仅是扶贫工作的终点。要用全面的、发展的眼光来审视扶贫工作，才能实现真正的、长期的"精准"帮扶。

第二，就是让贫困户有获得感。什么叫有获得感呢？一位中央领导有一个非常形象的比喻。他说，如果你给饿肚子的人一件棉祅，从数据上看，他可能脱贫了，但是他并没有获得感。所以一定要满足贫困人口的真实需要，否则即使国家花了钱，贫困户也不会领情。

第三，打好扶贫攻坚战要坚持现行的扶贫标准，不能拔高也不能降低。在全社会的关注下，应该说降低扶贫标准的可能性不大，但拔高标准的现象是存在的。一些地方把标准拔高，一方面使财政很难长期地坚持下去；另一方面那些没有被定为贫困户的边缘户，其实原来生活情况跟贫困户也差不太多，但因为没有被定为贫困户，精准扶贫的所有优惠政策与资源他们都享受不到。如果把脱贫的标准拔得太高，"悬崖效应"会越来越严重，容易引起新的社会不公。

扶贫也要创新

如何解决最后这 3000 多万最困难的贫困人口问题，需要攻坚，更需要创新。在这里，笔者提三个建议。

一是"扶贫车间"。最近我们考察了山东的"扶贫车间"项目，就是把生产劳动密集型产品的车间直接建在村头。很多留守在家的妇女，村里一些有半劳动力的老人，把家里的事料理好了后，有空就到车间里干活，计件工资，多干多得。由于是在家门口灵活就业，不需要交"五险一金"，劳动力成本下降 40%。仅在山东已经有 6000 多个村建立了扶贫车间，有 20 多万人在扶贫车间中工作，其中 40% 是建档立卡贫困户。河南等地的扶贫车间也在快速发展。这种扶贫方式对 1000 万的扶贫搬迁户意义特别重大。因为很多人搬迁以后没有活干，新移民点留不住人。扶贫车间能解决他们的就业问题，收入不低于干农活，企业也降低了用工成本。我国劳动密集型产业正在大量向国外迁移。如果能把其中一部分动员起来转移到贫困地区去，既解决了脱贫问题，也解决了劳动密集型产业缺劳力的问题。

二是贫困地区的教育质量问题。习近平总书记说扶贫的任务之一就是要"阻断贫困的代际传递"。这里的核心就是提高贫困地区的教育质量。笔者所在的友成基金会一直在通过互联网把城市优质教育资源送到贫困地区去。从 2017 年 9 月份起，我们联合了全国 30 多个公益组织、教育企业和学术机构，开展了一个"乡村青年教师社会支持公益计划"，简称叫"青椒计划"。在教育部的支持下，全国 18 个省的 4000 多所乡村学校中的 3 万多名乡村青年教师，每周三晚与周六晚上在手机或电脑上参加我们的"青椒"培训。课程是由北师大组织的最优秀教育专家提供的专业课，和我们邀请的优秀乡村教师提供的师德课。目前"青椒计划"的规模还在扩大中。我们正在策划把这一模式运用到乡村医生、乡村电商的培训中去。

三是消费扶贫。目前的扶贫工作，主要还是政府在扶贫，一部分企业也参与了扶贫，还缺乏一种有效手段把广大群众动员起来参与扶贫工作，用举手之劳来帮助贫困户。现在很多贫困地区有农村电商，把当地的土特产通过电商卖到城市中来。但在激烈的市场竞争中，贫困地区的电商有劣势。贫困地区一般都在偏远山区，送货距离比较远，成本高、时间长。他们的产品的品相没有那么好，包装也没有那么漂亮。在网上竞争不过富裕地区。而城市中愿意通过举手之劳来帮助贫困地区的人们，可以在日常消费时多买一点贫困户、贫困地区的产品。现在仅城市人口就有 7 亿人，农村贫困人口才有 3000 万，20 个人帮 1 个贫困人口，消费一点他们的产品，是能够起很大作用的。我们正在做小规模的试验。据统计，现在全国已经有超过 6000 万登记在册的志愿者，还有 40 多万个志愿者组织，如果我们有一个有效的方式能够把他们动员起来，就完全有可能创造出一个史无前例、举世无双的大规模民间参与扶贫的新模式。

专家学者寄语新时代

邓小南　蔡望怀　陶思炎　谢维和　王东进
刘　奇　张红武　何茂春　胡本钢　邓小虹

| 作者简介 |

邓小南　女，1950年生，山东临邑人，中共党员，国务院参事。著名宋史学家邓广铭先生之女。北京大学人文社会科学研究院院长，北京大学历史学系教授。国家级高等学校教学名师。长期从事中国古代史教学与研究工作。

蔡望怀　男，1938年生，福建厦门人，中共党员，曾任国务院参事室特约研究员，厦门市副市长、厦门火炬高新技术产业开发区管委会主任、厦门市政协主席。第九届全国政协委员。熟悉科教文卫和城建工作，大力推动社会力量发展民办职业教育和民办文化事业。

谢维和　男，1954年生，江西上饶人，中共党员，国务院参事室特约研究员。清华大学副校长、校党委常委、教育研究所所长。曾任首都师范大学党委书记、北京师范大学副校长。长期从事高等教育管理和教育学的教学研究工作。

王东进 男，1945年生，重庆市人，中共党员，曾任国务院参事室特约研究员，中华全国总工会副主席，原劳动保障部副部长、党组成员。第十一届全国政协委员。长期从事劳动保障理论研究和组织实践工作。

刘 奇 男，1953年生，安徽阜阳人，国务院参事室特约研究员。安徽省人民政府参事。曾任安徽省人民政府副秘书长、办公厅党组成员，省扶贫开发领导小组办公室主任。长期从事"三农"问题研究。

张红武 男，1958年生，河南周口人，无党派人士，国务院参事。清华大学教授，博士生导师，黄河研究中心主任，国家重点科技研发计划项目负责人，第九、十、十一届全国政协委员与人口资源环境委员会委员，国家有突出贡献中青年专家，享受国务院政府特殊津贴，中国经济社会理事会理事，中国水利学会泥沙专业委员会副主任。

何茂春 男，1960年生，湖北广济人，国务院参事。民盟中央委员、民盟中央经济委员会主任。研究生学历，法学博士。理论经济学博士后。清华大学国际关系学系教授、清华大学经济外交研究中心主任。长期从事经济外交、"一带一路"和国际化战略研究。

胡本钢　男，1956年生，高级工程师，曾任国务院参事，国家开发银行信息总监、专家委员会常务副主任。历任美国网络专家公司网络经理和高级工程师、美国共和证券公司助理副总裁和通信经理、美国共和国家银行助理副总裁和通信经理、美国花旗银行史密斯巴尼证券公司网络领先工程师等。

邓小虹　女，1952年生，北京市人，无党派人士，国务院参事。曾任北京市卫生局副局长。主任医师、教授。第九、十、十一届北京市政协常委、第十二届全国政协委员。曾从事妇产科临床工作30年，熟悉医疗和卫生行政管理工作。

"解放思想实事求是" 至今仍不过时

邓小南

我认为，总体来说，改革再出发要防范"虚热"，保持清醒头脑。对于"改革"的目标、"开放"的内涵，应该有与时俱进的深刻认识，以便引导下一个 10 年的走向。改革开放初期提出的"解放思想，实事求是，团结一致向前看"，至今仍不过时。目前形势下，应该着眼长远，从基础处做起，培根育本。

要力戒虚空，从根本上增强我们国家、各级政府、司法公安体系的公信力与威望，这是关系到执政能力的根本性问题。党的十八大以来，中央要求杜绝套话、空话、虚话、假话，应该大力倡导"讲真话，办实事"，倡导朴实风气，少唱高调。

要下气力解决应对群众生活品质及感受问题，例如雾霾、土地、河流水质等环境污染、食品药品安全、子女教育、就业、分配制度，要做好产业转型，注重实体经济，优化发展模式。要防范金融危机。要关注人才外流，让人才充分竞争，做到人尽其用。要从根本上抑制腐败现象，努力推进党员领导干部个人及家庭财产公开制度。认真面对贫富差距拉大问题。改革财政制度管理思路，从资源分配的源头抓起。

公民素质和社会文明是一种"软实力"

蔡望怀

公民素质和社会文明是一种"软实力"，它的提升是一个大国、一个强国所不可或缺的，是我们应该孜孜不倦加以追求的。公民素质和社会文明还与"官风"休戚相关，从严治党治政必能带动"民风"的提升，而"民风"的提升也必能促进"官风"的改善。决不能把"民风"当成小事，"民风"能成事，"民风"也能败事。

我们多么希望在中华民族的伟大复兴中，国人的面貌能够焕然一新，赢得世人的仰慕和尊敬！

我们要注意对土地资源的保护和集约利用。土地和水、空气一样，都是人类生存不可或缺的资源。针对目前有些大中城市房地产业过度"膨胀"、房屋存量占比偏大，城市建筑密度、建筑容积率偏高的实情，一定要采取措施有效加以控制。地方财政之收入不能过分依赖土地之拍卖和房地产税之收入。高楼林立的香港城市建设模式绝非我们所应追求的。要节省土地，给子孙后代留下宝贵的土地资源和生存空间。

中华文化既立足于当代，也联系着历史

陶思炎

中华文化数千年传承发展，博大精深，活力无限，成为民族自立的根脉，也是通往未来世界的桥梁。文化与生存不可分割，当代与传统不可剥离，发展的梦想与复兴的愿景既立足于当代，也联系着历史。中华传统文化作为生生不息、智慧道德和资源宝库的象征，给我们以启迪和自信，在实现中华民族伟大复兴的中国梦的奋斗中，文化自信更得到了空前的加强。

文化遗产作为文明的标志，凝聚着家国情怀和乡土记忆，不仅是联古通今的实证材料，也是文化认同、乡愁寄托的精神财富。从制度层面加以保护，设立国家、省、市、区（县）四级保护机制，并签订国际间的有关公约，是改革开放以来在文化建设方面走向法制化、国际化的一个显著变化。而文化不仅是精神需要的体现，作为特色资源，也有开发利用、发展产业的可能。在改革开放中，文化产业作为第三产业受到各地前所未有的重视和鼓励，尤其在旅游产业的发展、特色工艺美术品的开发、动漫产品的研发制作、商贸性会节活动的兴办等方面比较突出。让遗产动起来，让文化用起来，已成为当代文化应用的热点。

真正树立中国的教育自信

谢维和

在实现中国教育伟大复兴的过程中，我认为一个非常重大的挑战是真正树立中国的教育自信，对 21 世纪中国人的民族性有一个比较清醒的认识。

目前，我们的教育在许多方面仍然是在沿袭发达国家，尤其是西方国家教育的思想和模式，特别是在教育的评价方面，也常常是按照西方国家教育的某些标准和模式进行，甚至是以参加国际上的某些评价而获得的成绩与名次为骄傲。当然，中国教育在国际化的过程中，应该参与国际方面的教育改革，积极拓展与国际教育的交流与合作，借鉴国际上成功的经验与某些评价标准，但是，如何进一步充分全面地认识中国教育的优秀传统文化，特别是那些能够体现中国优秀的教育传统的非常可贵的教育思想与理论，并且在这个基础上进一步进行创造性的转化，创新性的发展，仍然是一个需要认真研究、梳理和弘扬的任务与挑战。

立足根本　把准国情

王东进

我国改革开放 40 年来，之所以能取得举世瞩目的巨大成就，一条基本的重要经验，就是立足于对我国的基本国情，尤其是处于社会主义初级阶段的特殊国情有深刻的认识和准确的把握。在经历了 40 年改革开放，我国经济社会已经发生了翻天覆地的历史性巨变以后，能否对现在的国情有科学的认识和准确的把握，则是在新的历史条件下，能否继续将改革开放全面系统健康地进行到底的决策基础和关键所在。

俗话说"大有大的难处""发展了也有发展后的新问题"。一些问题是改革开放、发展中产生的，只能靠继续改革开放、不断发展才能解决。比如要处理好政府与市场的关系，既要敢于"断舍离"，又要善于"放管服"。这个问题解决不好，不但经济没有活力，而且滋生"权力寻租"等贪腐的温床就会长期存在，防不胜防。政府与市场的关系是建设社会主义市场经济体制的一个基础性的基本关系。还要处理好经济发展与资源利用、环境保护和人民健康的关系。千万不可对自然资源（特别是不可再生资源）进行掠夺性过度开发和以污染、破坏环境、危害人民群众的健康为代价来谋求经济发展。

四个维度看中国

刘　奇

第一个中国，是从现代制度角度解读的传统概念上的中国。在这一意义上，中国已经发生了巨变，一个显著特征是中国已经从世界舞台边缘走向了舞台中央，成为世界第二大经济体，并从体量增大，技术进步，科学的思想、目标和方向引导三个层面上继续追赶着世界经济。其中体量增大属于量的积累，中国在这一层面已经有所成就。但在面临质的追赶，即技术进步方面，国内科技原创性远远不足，依然与世界存在巨大差距；而在科学思想、科学目标、科学方向这一层面，我国与世界的差距则要更大。

第二个中国即海外的中国。目前世界上有 6000 多万的华人华侨散居在 190 多个国家，这是一股不可忽视的强大力量。中国应该充分发挥华人华侨的巨大力量，使他们能够为国家的建设发展服务，通过他们的运作使得中国更好地与世界融合，这对中国获得世界经济舞台的话语权、掌控权有着重要意义。

第三个中国是另类制度的中国，即中国的港澳台地区。现今"台独""港独"分子的声音越来越大，这部分力量的核心问题在于，在"一国两制"的制度下，忽略"一国"而强调"两制"，这不利于中华民族统一大业的实现。国人要充分认识到这是中国国情的重要组成部分，中华民族绝对不能分裂，主权问题绝对不能让步。

第四个中国指流动着的中国，即流动着的 2.8 亿中国农民工。现在的制度设计大多针对城市市民、农村农民这样的原住民，对流动人口的关注比较少，未来应该促使流动人口群体以家庭为流动单元，解决流动人口关心的上学问题、融入问题等。

让老百姓分享反腐带来的"红利"

张红武

反腐要深入持久，关键在于人民大众支持，而这种支持的根基是要让老百姓分享反腐带来的"红利"。反腐中"老虎"纷纷落网，现实社会中直接危害基层民众的众多"苍蝇"也打掉不少，应将没收他们的巨额财物充实到社会保障体系建设之中，让民众享受反腐带来的实际利益，形成对反腐的真心支持。

对于未来，水资源对华北与西北区域经济社会发展和战略安全将产生更大影响，应严格限制耗水经济的发展，同时以超前的眼光，极其重视对水资源的开发和调控。为此，应尽早实施黄河古贤水库、黑山峡河段开发工程和"（四）川水济黄（河），（西）藏水补川"方案下的南水北调西线工程。"川水济黄，藏水补川"方案发挥了西藏水资源丰富、地理位置独特的优势，向外调水可促进西藏经济发展，破解华北与西北区域水资源短缺的难题，并支撑我国经济社会的持续繁荣。此外，黄河黑山峡水利工程，一是可形成黄河水沙调控体系的主要构架，保证河道生态功能，维系黄河生态健康；二是可保障陕甘宁蒙相关地区生态环境建设和经济社会发展，构建西北生态屏障，有效破解本区域生态建设和经济社会发展水资源瓶颈的制约；三是工程高位优势显著，能够从时空上优化配置黄河水资源，可破解陕甘宁蒙相关区域发展难题。这些地区是我国十分重要的能源资源战略高地和后备土地资源开发区，未来能对国家粮食安全发挥重大作用。

中国理念逐渐成为世界共识

何茂春

改革开放 40 年我国很多方面发生显著变化，如经济发展创造世界奇迹；基础设施世界先进水平；科技进步举世公认；民生跨越式飞跃，消灭贫困进步明显，寿命增加明显；法制水平与法治国家差别不大；教育与国民素质进步巨大；环境保护成为全民共识，进步飞快；军事实力大增，军队改革有力；外交成绩巨大，获得大国国际话语权，中国理念成为世界共识；"一带一路"拉动全球经济复苏；等等。但也存在着一些亟须解决的问题，如发展动力的可持续问题；基础设施产能过剩问题；科技创新所需要的公平竞争环境问题；脱贫后的"返贫"问题；超越法制的力量如何制约与平衡；教育公平与效率问题；环境保护与就业、环境保护国际合作问题；军事力量在海外护商能力弱；中国周边形势复杂多变；海外利益战线太长，海外利益维护成本越来越高等问题。

未来的动向与趋势表现在：互联网继续改变经济运行与结算；共享理念继续延伸；智能产业日新月异，人力就业面临挑战；国际化日益深入，跨国人财物流动日益普遍；中国六年内有望成为第一大经济体；美国、欧洲可能出现更大规模的内乱；日本海外竞争力进一步萎缩；印度会加快崛起；等等。

农村空心化加重问题亟待解决

胡本钢

这几年中国粮食产量保持稳定。但中国种粮成本迅速上升，而全球种粮成本在下降。2015年玉米收购价一开始为0.7元多一斤，全国多数农民亏损，后改为0.9元多一斤，很多数农民每亩才挣100多元。2016年玉米收购价0.9元多一斤。很多地区农村妇女外出打工挣钱，农村只剩"六一"（指儿童）和"九九"（指老人）部队，将来农村留守儿童和老人社会问题严重。同时农民出现亚贫困化，国家粮食安全和物价风险加大。建议国家组织研制和生产更优良的、更低成本的农种、农药、农肥、农机，组织大规模改造中低产农田和升级水利，大规模加大资金投入，拉动未来几年经济发展，彻底改变农业面貌。

此外，我国社会还存着一些问题，如当前社会传销非法集资泛滥，来势凶猛。以高收益、低门槛、快回报为诱饵，欺骗广大民众，危害极大。中央政府部门公布相关禁令和指导意见，地方政府要落实，守土有责，力争半年内把这股歪风刹住；社会道德遭到破坏，地方社会治理也有所放松。社会上积极因素虽占主流，但是唯利是图、偷工减料、以次充好、诈骗电话、高利贷也仍盛行。有的地市有几百家能讨债的民间融资公司。"党内和社会上两层皮，党内和社会上两重天。"建议党和政府多管齐下，加强社会治理。国务院批准《融资担保公司监督管理条例》非常及时。同时对明年各家银行的贷款总额度单切一块，专款专用，专用于中小企业贷款，不得挪用；金融乱象丛生，金融监管出现漏洞。同时坚决支持金融创新和互联网金融试点示范，有序推广，不能与欧美互联网金融发展拉开太大距离。

加强政府部门信息共享利用
邓小虹

要加快国家企事业单位人事制度改革速度，尽快从按编制人员数固定月薪制向总额预算下合同聘任制转变，实行员工灵活就业、间断就业。政务机构要瘦身，减少财政供养人员如工、青、妇、官办社团组织。政府公务员应区分政务型与事务型，前者由组织部门调动，后者实行年薪累进，岗位相对固定，便于保持部门工作的延续性。进一步推动非涉及国家安全核心技术的国有企业改制，淘汰落后的产业和技术；仿照农村基层党组织建设的做法，在国有事业单位（如医院、学校、研究院所）推行基层民主自治制度建设，由职工选举产生单位各级领导班子。中华民族是在五十六个民族基础上，经历几千年历史过程形成的多元一体格局。应当接受苏联解体的教训，取消民族区域自治，以省为单位实施行政管理，建立在多民族、多元文化基础之上中华民族共同发展的理念，各族人民自由迁徙、择业，对地方官员任职资格取消民族属性限制；在国际、国内事务中优先国内发展，尽可能均衡各省社会发展，实现人人享有基本住房、基本医疗、义务教育、不愁吃、不愁穿；外交政策采取"人不犯我，我不犯人"的基本策略，不宜处处主动扩张凸显经济实力。彻底肃清党的历史上多次"左"倾错误路线造成的恶果，如反右派、"文革"等等，避免历史悲剧重演，建立和谐社会；在城市化、城镇化建设过程中，不仅要规划地上，也要规划地下，目前应尽快补齐地下规划建设的短板；绝对权力导致绝对腐败。我国反贪腐已经取得了巨大成绩，当前更重要的是建立反贪腐的制度和机制，如加强对权力的舆论监督、民主监督，避免贪腐官员不断滋生、屡打不绝。

后　记

国务院参事室、中央文史研究馆主办的内参《国是咨询》，通过采访、约稿、座谈等方式，记录了参事、馆员、特约研究员们对历史的回忆、对未来的期待、对发展的思考。2018 年，《国是咨询》编辑部策划了"庆祝改革开放四十年"重大选题，全国有百余位参事、馆员、特约研究员投稿或参加座谈、对话，本书即根据《不忘初心再出发——庆祝改革开放 40 周年》特刊内容精选汇编而成。

《国是咨询》是供党政高级领导干部阅读的内参，每月报送一期。以"重、新、雅"为办刊追求，紧紧围绕党和国家工作大局，把握导向，奉献精品。从人民群众关心关切的重大事件、重大思潮、重大话题、重大政策切入，组织参事、馆员及专家学者座谈、对话，刊登有思想深度、有文化含量、可读性强的文章。刊物接地气、讲真话、有新意，原汁原味反映社情民意，有针对性、高质量地提出思想观点和咨政建议。

责任编辑：王世勇

图书在版编目（CIP）数据

参事馆员见证改革岁月／参文 著 . —北京：人民出版社，2019.1
ISBN 978－7－01－020286－0

I.①参… II.①参… III.①改革开放－成就－中国 IV.① D619
中国版本图书馆 CIP 数据核字（2018）第 300003 号

参事馆员见证改革岁月
CANSHIGUANYUAN JIANZHENG GAIGE SUIYUE

参 文 著

人民出版社 出版发行
（100706 北京市东城区隆福寺街 99 号）

北京汇林印务有限公司印刷 新华书店经销

2019 年 1 月第 1 版 2019 年 1 月北京第 1 次印刷
开本：710 毫米 × 1000 毫米 1/16 印张：15.75
字数：190 千字 印数：0,001-5,000 册

ISBN 978－7－01－020286－0 定价：48.00 元

邮购地址 100706 北京市东城区隆福寺街 99 号
人民东方图书销售中心 电话（010）65250042 65289539